シュウマイの本

シュウマイ潤

ようこそ、奥深きシュウマイの世界へ

私が本格的にシュウマイを食べ始め、
研究と言えるようなことに取り掛かったのは、
今から約6年前の2015年ごろ。
その間、約1000種類のシュウマイを食べてきました。
「そんなに種類があるのか？」
と思う方がほとんどでしょうが、実際あるのだから仕方ない。
そしてそれらは日本全国のシュウマイの氷山の一角であり、
さらにここ1、2年はシュウマイ専門店が急増。
私のシュウマイ研究は、まだ始まったばかりです。

おそらくシュウマイを知らない人はいないでしょうし、
食べたことがない人もいないでしょう。
それだけ日本人に当たり前の存在にもかかわらず、

否、当たり前だからこそ、
誰も本気でシュウマイを知ろうとしてこなかった。
それを私はさまざまな偶然により始めたわけですが、
食べるほど、調べるほど、
未知なるシュウマイの世界が見え始め、
本書執筆にあたりさらに調べると、
その世界がより奥深いことがわかってきました。

奥深きシュウマイの世界。
本書ではその一端しか紹介できないと思いますが、
それを知るだけでも、明日から食べるシュウマイは、
間違いなく美味しく、楽しくなるはずです。
ぜひおためしくだ、シュウマイ。

シュウマイ研究家　シュウマイ潤

もくじ

SYUMAI COLUMN

シュウマイ企業訪問

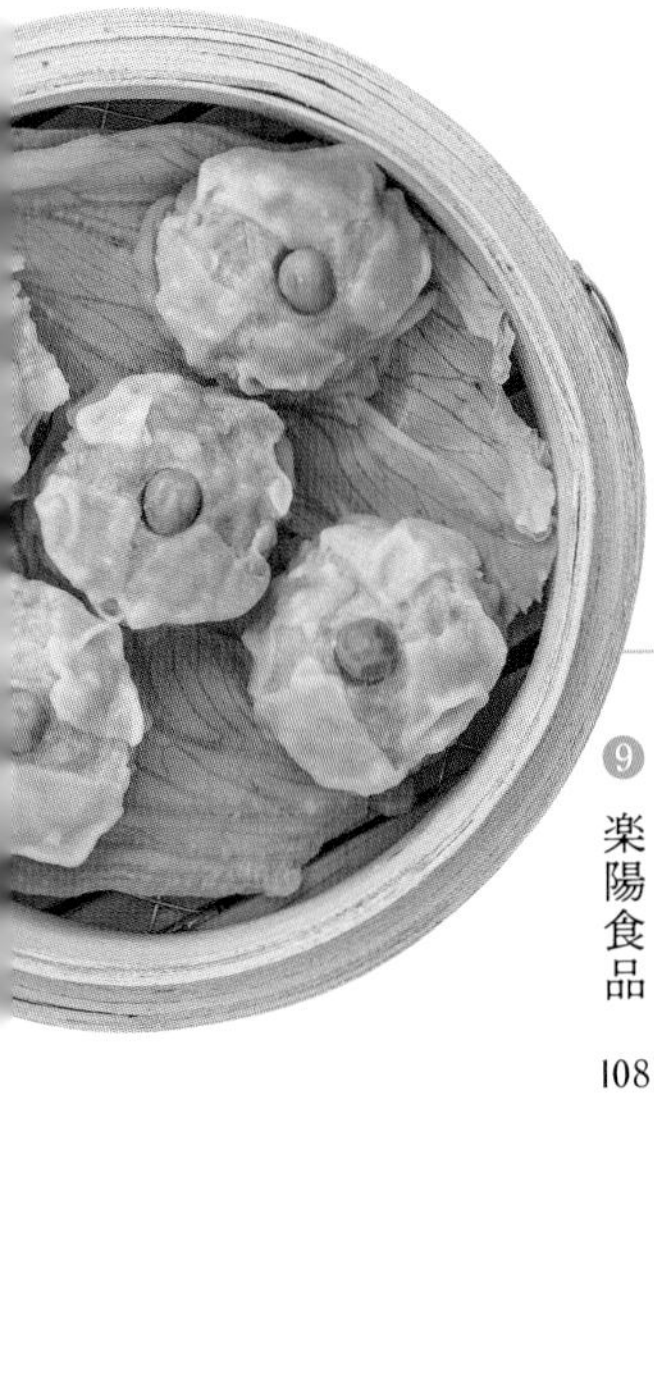

第一世代

聘珍樓 Heichinrou

香港スタイルを忠実に再現
海老豚の複合的旨味が爆発

第二世代

崎陽軒 Kiyoken

小ぶりなハマのソウルフードは
“冷めてもおいしい”の開拓者

第三世代

小洞天 Shoudoten

東京代表の肉シュウマイと
超絶食感の海老と贅沢カニも必食

第五世代

味の素食品

Ajinomoto Frozen Foods

シュウマイブームの火付け役
主役おかず系はエビにも挑戦

第五世代

ニチレイ Nichirei

老若男女が愛する
超定番優しき甘えびシュウマイ

第五世代

楽陽食品 Rakuyo

究極の日常シュウマイ
何個でも食べられる味と食感

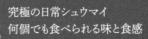

第六世代

呼子萬坊 Yobuko Manbou

思わず微笑むいかの旨味と
ふんわり食感がクセになる

第七世代

Tokyo焼売マニア
Tokyo Shumai Mania

変幻自在に新作を創出
シュウマイクリエイター

第七世代

焼売酒場小川
Shumai Sakaba Ogawa

ビストロ発想が生み出す
多様なシュウマイ×ソースの世界

序章

シュウマイも〝第七世代〟が牽引？

「そこに山があるから」

かの著名な登山家、ジョージ・マロリーのこの言葉は、実は誤訳だったと言われていますが、私がシュウマイを食べ続ける感覚は、これに近いかもしれません。

本格的にシュウマイを食べ始めた理由の一つに、シュウマイの専門家が存在しなかったことが挙げられます。別に先駆者になりたかったわけではないのですが、幼少期から誰もやらないことに興味を持つ傾向が強かった私は、シュウマイという未開のジャンルに気づいた時、確か電車に乗っていましたが、人目も憚らず小躍りしたくなるような喜びが湧き上がったことを記憶しています（実際は踊っていません）。

ただ、私は世に言う「〇〇研究家」になりたかったわけではなく（結果的になっているわけですが）、せっかくシュウマイというジャンルを極めるのであれば、他の人とは違う手法を取ろうと決めました。そのルールは、

① できる限り毎日、食べたことのないシュウマイを食べ続ける。
② 有名無名は関係なく、とにかくシュウマイがあれば食べる。
③ 自分で食べたもののみをデータベース化していく。
食べていないものは、あくまで推測はするけれど、データの中には組み込まない。
④ ③を元にジャンル分けして、日本のシュウマイの特徴を明らかにしていく。

という、フィールドワークを重視した、いわゆる「文化人類学」に近い手法です。

2015年から、それこそ山=シュウマイがあるとわかれば、可能な限り自らの足で店に向かい、食べました。遠方であれば取り寄せて食べました。幸運にも？　全国各地に出張する機会も多く、旅先では必ずシュウマイを調べ、食べました。

時には調べたデータが古く、店には行ったけれどシュウマイを辞めたことをその時知ることも1回や2回ではありません。また、調べたデータが間違っていて、そもそもシュウマイを出していなかったことも。さらに、シュウマイは出しているけれど売り切れてしまい諦めざるを得なかったことも……そんな「遭難」も数多く遭遇しながら、シュウマイデータ数をコツコツと、着実に増やしていきました。

石の上にも3年、とはよく言ったもので、シュウマイ食べるにも3年、でした。

その頃には、食べたシュウマイの種類は200種前後に達し、そのぐらいデータ数が蓄積されると、ぼんやりと日本のシュウマイ全体の輪郭のようなものが見えてきて、特徴ごとにカテゴリわけができ、そのカテゴリごとに主要シュウマイがあることも見えてきました。

大まかに分けると、こんな感じに分類できます。

(1) 飲食店系シュウマイ

①中華街にある本場中国流のシュウマイ
②中華街ではないが、各地を代表する老舗中華料理店のシュウマイ
③定食屋のような「町中華」のシュウマイ
④和食居酒屋が出すシュウマイ
⑤洋食屋が出すシュウマイ
⑥従来のシュウマイの枠組みに囚われない新世代シュウマイ

(2) テイクアウト系シュウマイ

①豚（肉）まんが主役の点心専門店のシュウマイ
②駅弁屋のシュウマイ
③商店街の肉屋がつくるシュウマイ

(3) スーパー、デパート系シュウマイ

①冷凍シュウマイ
②チルドシュウマイ
③デパ地下シュウマイ

こうしたカテゴリわけができてきたことを公にしていたわけではありませんが、不思議なもので、周囲からも専門家として取材を受けたりする機会が増えてきました。一方で、新たな山＝シュウマイに登ることは継続しつつも、「うちのシュウマイを食べてほしい」という飲食店さま、メーカーさまも出てきて、そのなかには、従来のカテゴリの枠にとどまらない、(1)―⑥のような「新世代シュウマイ」が目立ち始めました。そして月日を経るごとに、「新世代」は増加し、２０２０年ごろには「シュウマイブーム」という言葉が出始めるようになりました。

ただ、私自身この言葉がしっくり来ず、他に例えられないかと考えていました。

そんな時、世の中には「第七世代」という言葉が出始めました。ご存知の通り、お笑いの人気若手芸人たちの総称です。

シュウマイも、新世代を「第七世代」と定義できれば、「ブーム」という言葉を使わずともその盛り上がりが表現できるのではないか――

あくまで仮説でしたが、前出のカテゴリわけをシュウマイの「横座標」とし、そこに歴史という「縦座標」を当てはめて整理し、世代分けをしてみました。すると……なんと、まさに仮説が立証されてしまったのであります。

第一世代……日本の中華料理上陸と、中華街文化で育まれたシュウマイ

第二世代……第一世代から生まれた「ジャパニズムシュウマイ」

第三世代……地域の定食屋として育まれた町中華のシュウマイ

第四世代……豚(肉)まんの相棒、おみやげシュウマイ

第五世代……家庭で気軽に食べられる「冷凍」「チルド」「惣菜」シュウマイ

第六世代……全国のご当地食材を生かした「ローカルシュウマイ」

第七世代……従来のシュウマイの常識に囚われない「新世代シュウマイ」

本書では、この世代ごとに、私がこれまで食べ続けることで見えてきたシュウマイについて紐解いていきたいと思います。ただ、この世代分けはあくまで本書を執筆した段階（2021年9月現在）のものです。実は執筆中にも、新たなシュウマイ史実にいきあたり、世代調整が行われたりしています。それだけ、シュウマイというテーマに特化した文献がなく、研究もされていなかったということです。どうかそのことを頭の片隅におきつつ、それこそシュウマイを優しく包み込む皮のような温かな気持ちで、日本のシュウマイがどのように今日に至ったかを、日本の食文化全体や歴史変遷とともに、味わっていただければと思います。

それではいざ、シュウマイをめぐる冒険へ。

第一世代

ニッポンシュウマイの夜明け

日本の中華料理上陸と、中華街文化で育まれたシュウマイ

今も昔も人でにぎわう横浜中華街

改めて、シュウマイは中国伝来

全国のシュウマイを食べ続けていると、シュウマイについていろいろ尋ねられることも多く、そのなかで、「シュウマイの起源」について尋ねられることは少なくありません。

「シュウマイは中国から伝わった料理ですよね?」

ポイントは、最後の「よね?」という〝確認〟。みなさん、シュウマイが中華料理店で出てくるものので、おそらく中国から来たであろうことはぼんやりわかるけれど、それを私に確認することで、「推測」を「確信」に変えたいのでしょう。うがった見方をすれば、それを知らない人間が、シュウマイ研究家を名乗る資格があるのか……と、ボクシングでいう「ジャブ」で牽制している人もいるのかもしれませんが。

改めて答えます。私が知りうる限り、シュウマイは中国から伝来した料理であることは、おそらく間違いないでしょう。そして、この中国料理からの直系のシュウマイを提供するお店を、「日本のシュウマイの夜明け」を物語る存在として、「シュウマイ第一世代」と定義づけたいと、私は思います。

ただ、これは「第一世代」に限らないのですが、シュウマイの史実や今日に至る経緯は、各種文献である程度までは確証が持てるのですが、何よりシュウマイにフォーカスして調査研究した前例がないので、事実関係が曖昧な部分もあります。よって、本書を執筆している2021年9月の段階での内容として、ご理解いただければ嬉しいです。

ということで、まずは「第一世代」が中国から日本に登場する経緯について、私なりに今わかる範囲でまとめておきたいと思います。

「点心」は隋の時代に登場

そもそも大前提として、中国にはシュウマイという料理が存在し、然るべき歴史があります。これを確認しないことには、「シュウマイが中国から伝来したもの」であることを明確に語れません。当たり前ですが。

シュウマイ、という単独の料理として生まれる前に、その上位カテゴリ？　である「点心」として登場するのが、中国が隋の時代、600年ごろだと言われています。中国の西域から石臼製粉の技術が導入、発達し、製粉した小麦による料理である包子、饅頭、餃子などの点心が登場したとされています。

さらにその200年ぐらい後の唐時代、茶の知識が広がり、点心をお茶と共に楽しむ「飲茶」の文化ができ、食を楽しむスタイルの一つとして、定着していったと言われています。

中国屈指の食通？が、シュウマイを絶賛⁇

そして時代は流れ、中国の南部を中心に「点心」が親しまれ、そのなかのひとつの料理としてシュウマイが定着していったと考えられますが……ひとつ面白い話が。それは、清王朝6代目・乾隆帝の時代。シュウマイを名物にする料理店があったことがわかり、南部のシュウマイとは異なる特徴を見せているので、少し触れておきます。

北京に現在もある「都一処」というお店の名物は、シュウマイです。肉シュウマイ、海鮮シュウマイなどさまざまなシュウマイを提供しているそうですが、そのシュウマイは、「乾隆帝が愛したシュウマイ」として、ご当地で知られているそうです。

お店の創業は1738年。その後、ある人が店を訪れてシュウマイを絶賛。それが実は乾隆帝だった、という逸話があり、その後シュウマイが名物になったそうです。

乾隆帝とは、シュウマイ、点心にとどまらず、今日の中国料理を語る上で欠かせない存在です。皆さんも聞いたことがあるであろう、中国料理の最上級贅沢宴会料理「満漢全席」ができたのは、乾隆帝の時代なのです。いわば、中国の贅を尽くした食を知る帝が絶賛したのが、「都一処」のシュウマイなのであります。

では、そのシュウマイはどのようなものかというと、現在日本で知られるシュウマイとは、少し違うようです。

いわゆる我々の知るシュウマイの皮は、餃子などに比べて極薄で、それがシュウマイが中身=餡を中心に味わう料理である理由でもあるのですが、「都一処」のシュウマイは、皮がかなり厚く、それ自体を噛み締め、味わうことも目的のようです。そのため、シュウマイは「主食」であり、日本の食卓でごはんと食べるような「おかず」ではないといいます。

日本に馴染みあるシュウマイは、広東が主流

さて、脇道に逸れまくっておりますが、ようやく今日の中国のシュウマイに話を移します。提供される「点心」スタイルは、中国南部の広東料理の代表的な食べ方です。そのエリアに近い香港、台湾でも「点心」をよく食べます。

そして、この「点心」文化が、華僑の世界的な広がりとともに、日本にも訪れたというのが、日本シュウマイ上陸の経緯だと考えられます。

中国大陸は広く、そのため、中国には地域ごとに「四川料理」「北京料理」「上海料理」、そして「広東料理」と個性ある料理があるのは、今日の日本のみなさんもご存知だと思います。

ただ、かつて日本が外国と交流が始まった1800年代後半のころ、世界の交通手段の主流は「船」。そのため、海に近いエリアが文化交流の窓口であり、それが中国の南部エリアでありました。世界中に中国文化を広げた華僑も南部中心の方々であり、日本の華僑に広東出身者が多いのも、そのためだと言われています。

シュウマイという料理は、中華街から生まれた

実は日本に中国から料理文化が流入したのはもっと以前と言われています。その明確な事例は、鎌倉時代の「精進料理」。当時中国が宋の時代に禅宗とともに伝わったと言われています。また、江戸前期にはいわゆる「出島」があった長崎の唐人屋敷で、中国料理をアレンジした「卓袱料理」が誕生したと言われています。この料理の中では「シュウマイ」のような点心が出された記録は確認できませんが、すでに中国料理が日本国内の一部で食べられていた可能性はあります。ただ、日本は長き間、庶民の間で肉食が原則禁じられていたので、一般的にシュウマイが食べられていたとは、現時点では考えにくいでしょう。

では、シュウマイを一般の日本人が食べるようになったのはいつ、どこでか？　それは、みなさんも思いつきそうな場所、中華街である可能性が高いです。

現在日本の中華街は、横浜、神戸、長崎にあり、「三大中華街」と呼ばれ観光地として賑わっていますが、かつては「南京町」と呼ばれ、いわゆる開国とともに港に形成された外国人居留地の周辺にできた、中国人を中心とした人々が暮らすエリアのことです。

そのなかでシュウマイの存在がいち早く確認できたのが、横浜中華街です。1871年（明治4年）には、エリアに130軒の飲食店ができ、1881年（明治14年）には、のちに「博雅のシウマイ」として日本初のシュウマイを売り出した「博雅亭」が創業（のちに伊勢佐木町に移転）、1884年（明治17年）には現存する最古の中国料理店である「聘珍樓」が中華街に誕生します。

※ちなみに「博雅亭」は第一世代ではなく「シュウマイ第二世代」に位置付けます。その理由はまた「第二世代」の項で。

本場直系遺伝子を汲む「シュウマイ第一世代」

「**聘珍樓**」の創業時のメニューは、残念ながら関東大震災（大正13年）により現存せず、シュウマイがメニューにあったかを明確に確認する術はありませんが、1930年（昭和5年）ごろのメニューには、「シウマイ」がお土産として提供されていたことが確認できます。また、さらに前に、日本のラーメンブームの火付け役とも言われる最古の町中華「來々軒」ができたのは1910年（明治43年）で、創業時のメニューに「シュー

マイ」があったのですが、ラーメン（当時は中華そば）のヒントを得たのは横浜中華街だと言われており、すでにそこでもシュウマイが提供されていた可能性は高いです。ちなみに、１９３５年にオープンした「永楽軒」でも、しゅうまいがお土産のメニューに載っています。

※「來々軒」は「シュウマイ第三世代」にあたります。それも「第三世代」の項で。

その後、今も中華街を代表するシュウマイの名店として知られる「**清風楼**」（１９４５年／昭和20年創業）、「**海員閣**」（１９３６年／昭和11年創業）ができ、本場中国で育まれたであろう中国料理、点心、そしてシュウマイの味わいを、今日でも体感できます。

こうした「本場中国料理の直系遺伝子」を感じられるお店のシュウマイを、私は「シュウマイ第一世代」としたいと思います。

そして、中華街以外にも、それに並ぶ歴史と遺伝子？を持つ、本場仕込みのシュウマイを提供する中華料理店は、いくつかみられます。

「**揚子江菜館**」（神田神保町／１９０６年・明治39年創業）

「南国酒家」（原宿／1961年・昭和36年創業）
「上野東天紅」（上野／1961年・昭和36年創業）
「新橋亭」（新橋／1946年・昭和21年創業）

など、明治期から昭和、戦後ごろにできたいわゆる「高級中華料理店」には、創業時から変わらない、本場の雰囲気あふれるクラシックなシュウマイが提供されています。現時点では東京しか確認できていませんが、おそらく各地にそうした「第一世代」が眠っている可能性があり、今後探求していきたいと思っています。

また、1964年（昭和39年）に開催された「東京オリンピック」前後、急速に増加した高級ホテルに入居する「高級ホテル中華」にも、この遺伝子を汲む料理人により育まれたシュウマイもあります。私はこのシュウマイも「第一世代」に含みたいと思います。

かつては本場中華の再現自体が困難

2021年現在、全国各地には、シュウマイおよび点心を有する「広東料理」以外にも、「四川料理」「北京料理」「上海料理」に加え、かなりマニアックな本場中国の郷土料理が再現された店が存在し、人気を博しています。

そんな時代に、今から100年以上昔の中国料理、そしてシュウマイは、現代人の舌に合うのか？「第一世代」とたてまつるほどの価値があるのか？と思うかもしれませんが、その変わらぬ味には、不思議と今の料理にはない魅力があり、美味しさがあります。

私が推測するに、古き良きシュウマイや料理には、「本場の遺伝子」とともに、「せざるを得なかった日本的なアレンジ」が加えられており、それが独自の美味しさと雰囲気を醸し出しているのだと思います。

戦前戦後、日本の食糧調達の環境は今と全く異なり、本場の味と技術を知る料理人でも、同じ材料や調理環境を整えることができず、当時の日本の条件の中で、本場の味に近づけつつ、日本人が好む味付けにアレンジしたのではないかと思うのです。

それはむしろ、現代で新たに作り出そうとしても、何かが異なってしまうのだと思います。

「ニッポンシュウマイの夜明け」。

その時代にしか出せなかった、中国大陸の異文化と日本的制約の中で生まれたアレンジの融合。

そのどこか懐かしい隠し味も含めて、「シュウマイ第一世代」を感じ取ってほしいです。

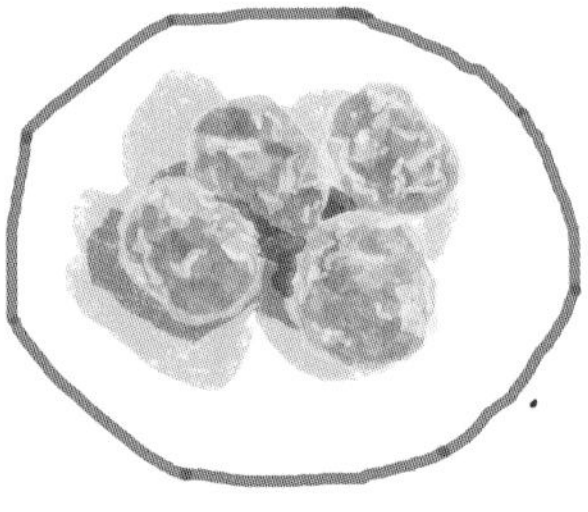

清風楼

海員閣

テイクアウトしたシウマイ
（清風楼）

とびこをトッピングしたシュウマイと
昔のメニュー表（聘珍樓）

シュウマイ企業訪問①

聘珍樓 横濱本店

Heichinro Yokohama Honten

本章で記した通り、聘珍樓の創業は1884年。創業の地である横浜中華街（当時は南京町）には、すでに他にも飲食店があった記述はありますが、現存する中で確認できる最古の中国料理店は、この聘珍樓であることは間違いないようです。

現在、店内で提供されるシュウマイは1種類。点心の本場・香港スタイルのシュウマイをほぼそのまま再現しています。粗めに刻まれた豚肉とエビのハイブリッドタイプで、味付けは塩胡椒中心のシンプルスタイル。皮も薄めで、豚肉とエビの食感、旨味、香りがくっきりと際立つ、まさにシュウマイの醍醐味とも言える本場点心スタイルが、極めて高いレベルで完成されています。

このスタイルのシュウマイを提供し始めたのは、今から約30年前、1990年ごろからだと言います。1930年当時のメ

ニューにもあるとおり、聘珍樓ではシュウマイを古くから提供していて、時代とともに素材にこだわりながら進化し続けてきましたが、1990年ごろ、具体的には1988年、聘珍樓は香港に逆上陸？　し、本場香港スタイルの点心を提供する店を開店させ、今も現地の人々の舌とお腹を満足させているそうです。本場香港スタイルの点心が日本に上陸することは今では多くみられますが、その逆は、今もなお聘珍樓以外には存在しないのです。

「おそらく、創業当時の点心やシュウマイも、本場の味を限りなく再現する姿勢はあったと思いますが、当時は本場の調味料や食材を手に入れることが難しく、あくまでアレンジしたものだったと推測できます。しかし、1990年代にはいると、その調達の環境も整い、本場の味を限りなくそのまま再現できるようになりました。それが今の聘珍樓の味であり、これからもそれを守り続けたいと思います」

聘珍樓の歴史を知る広報担当の朱銘江《しゅめいこう》さんと、総点心長の徳永伸二さんは、口を揃えて言います。当時の味を知ることができないのは仕方ないことですが、本場の味を日本で再現し、味わえる環境を作るという「第一世代」の姿勢は、今もなお続き、むしろそれが成熟しているのだとも解釈できます。ぜひその背景とともに、聘珍樓のシュウマイを味わってみてください。

聘珍樓 **横濱本店**
〒231－0023 神奈川県横浜市中区山下町149　中華街大通中央
https://www.heichin.com/

第二世代

日本の新名物・シュウマイの誕生

第一世代から生まれた
「ジャパニズムシュウマイ」

ジャパニズムの元祖、博雅の店の当時の外観

第二世代と第三世代はほぼ同時期に発祥

正直、私は迷っています。

第1章で記した通り、開国後の明治期に横浜や長崎など、中国人が移り住んだ街を中心に本場の中華料理店ができ始め、そこで出されたであろうシュウマイが「第一世代」として日本で食べられ始めた、と、私の中で定義しましたが、そのシュウマイ自体は本場仕様の味付けであり、手に入る食料や調味料の制限上、多少のアレンジはあったものの、あくまで味の基本は「中国」にありました。それが「第一世代」のシュウマイの特徴であり魅力であるのですが。

その「第一世代」の味が、明治中期から第二次世界大戦前にかけて、日本的なシュウマイへと変貌を遂げます。それが「シュウマイ第二世代」なのですが……わりと近い時期に、大きく2つの形で「日本的シュウマイ」が生まれていきます。ひとつにまとめてしまってもいいのですが、明らかにシュウマイの内容と、発展の仕方が異なるために、あえて2つを区分けすることにしました。

しかし、その2つのどちらを「第二世代」とすべきか、こうして本書を執筆して決定しなければならない段階でも、まだ決めかねている私がいます。それだけシュウマイの歴史を画一的にまとめることは難しいのです（単に私が優柔不断な人間なだけかもしれませんが）。

その2つは、大きく以下に分けられます。

① 本場中華から派生した「名物シュウマイ」
② 「町中華シュウマイ」

そしてこの両者の歴史を検証すると、①の最初のシュウマイを出した店の創業が（若干！）早かったので、「シュウマイ第一世代＝本場中華から派生した名物シュウマイ」とすることにします。

ちなみに、ほぼ同時期に発生した「第三世代＝町中華シュウマイ」が、「第二世代」とどれほど異なるのかは……第3章をお楽しみに。

横浜発の名物シュウマイ第一号は……

第1章でも少し触れましたが、日本における「名物シュウマイ」が最初に登場した場所は、今もシュウマイの聖地として知られ、「第一世代」が生まれた中華街を擁する神奈川・横浜であります。

そうなると、今日、日本全国のなかでも「名物シュウマイ」の象徴とも言える、〝あのシウマイ〟が始まりかと思いきや……第1章でも触れましたが、史実を辿ると、少し前に、別のお店が「名物シュウマイ」を提供し始めていました。そして横浜在住の方や、横浜の歴史に詳しい方、食文化に精通している方のなかでは、こちらが「横浜シュウマイの元祖」として通っています。

1899年（明治32年）、横浜の南京町（今の横浜中華街）から伊勢佐木町に移転した「博雅亭」という店が、「博雅のシウマイ」という名物として掲げ、売り出しました。すでに横浜や長崎などの南京町でシュウマイという料理自体は提供されていたと考えられますが、「シュウマイ」という名を全面に出して販売していたわけではなく、あくまで料理屋で出される点心料理のひとつでした。ですので、この「博雅のシウマイ」が、日本においてシュウマイという料理が認知された始まりと言っても、過言ではないわけです。

実際、その後「博雅のシウマイ」は横浜の名物料理としてヒットしていきます。明治から大正にかけて、関東エリアの人気店を取り上げた雑誌（今で言うタウン誌やグルメ誌のようなもの）に、「浅草來々軒か博雅のシウマイ」と表記されるほど、高い人気を誇ったようです。

その後「博雅のシウマイ」は、１９５９年（明治34年）、開業したばかりの横浜高島屋にて販売を開始。さらに１９８０年（昭和55年）には、横浜野沢屋（のちの横浜松坂屋）でも販売され、横浜名物として愛されました。ただ、残念ながら高島屋、松坂屋どちらの店舗も撤退。現在はその流れを汲む職人により、味が継承されています。

博雅で火がつき、崎陽軒で定着と拡大

さて、前出の〝あのシウマイ〟。そう、今日、横浜のシュウマイといえば、「崎陽軒のシウマイ」に他ならないでしょう。

崎陽軒の歴史に関しては、オフィシャルウェブサイトや専門書で解説されているので、本書ではさほど詳しく触れませんが（といいながら、なかなかの文量になってしまったので、それ相応の心

の準備をして読み進めてください）、前出の博雅に続く「第二世代」であり、それを日本で定着させ、拡大させていった存在であることを、シュウマイの歴史全体に関わる部分に関して注目し、まとめていきたいと思います。

崎陽軒の創業は１９０８年（明治41年）。横浜駅の売店として創業します。しかし当初からシウマイを提供していたわけではなく、販売し始めたのは１９２８年（昭和３年）。その背景には、今では考えにくいですが、横浜駅が不利な立地であったことが由来します。また、すでに東海道線沿線の他の駅には、駅ナカの売店ができており、後発企業としての差別化も視野に入れていたのかもしれません。

横浜駅が通る東海道線は、東京駅から小田原方面に伸び、その方面に旅に向かうわけですが、そのお供に何か買う上で、東京駅から近い横浜駅でわざわざ下車する人は少なかったといいます。そのため、わざわざ買いたいと思える「名物」を作る必要があった。そこで、初代社長の野並茂吉氏は、当時横浜の人気観光地となり始めていた南京町に着目し、名物料理を考えようとしました。

列車の中でも食べやすく、ご馳走になりそうな食べ物。その対象となったのが、シュウマイでした。

その当時、南京町ではシュウマイが料理を出す前の「突き出し」として提供され、ある意味シンボル的な料理となっていました。ただ、南京町で出されるシュウマイは、熱々の状態であり、列車の中では冷めている状態になり、味が落ちてしまう可能性がありました。

そこで、野並氏は「冷めても美味しいシュウマイ」を新たに作り出すべく、南京町で評判の点心職人の呉遇孫《ごぐうそん》をスカウト。約1年をかけて試行錯誤し、その味を完成させました。

冷めてもおいしい&小ぶりは、第二世代から始まった

今でこそ、シュウマイは「冷めてもおいしい」料理の代表格のひとつですが、それが形になったのは、崎陽軒のシウマイからでした。

具体的には、豚肉と干帆立貝柱を合わせ、冷めても旨味がしっかりと出るようにしたのです。誤解を恐れずに言えば、「第一世代」の本場の味をアレンジした、ある意味「新世代」。ある意味、初の「日本的シュウマイの誕生」、それが「第二世代」とも言えるのです。

また、大きさも従来のシュウマイから改良を加えました。「第一世代」の本場仕様のシュウマイは、1粒40～50gぐらいの、かなり重量感あるものが多いですが、崎陽軒は電車の揺れる車両のなかでも食べやすいよう、女性や子供でも一口で食べられる小ぶりのサイズにしました。公式発表はし

ていませんが、私の見立てでは、1粒20g前後。半分以下の重量になったわけです。

こうして「冷めてもおいしく」「小ぶりな」シウマイが誕生し、横浜の新たな名物料理として、販売が始まります。

店頭販促とマスメディア効果で全国区に

ですが、販売当初はなかなか売り上げが伸びなかったといいます。1930年代は、まだ中華料理自体が珍しい時代。それをわざわざ購入して食べるという行為が定着するには、少し早かったのかもしれません。

ただ、初代社長の野並氏は、指をくわえて見ていただけではありませんでした。彼はある「店頭販促」を考えます。

それは、女性販売員「シウマイ娘」を活用した販売方法でした。

発想の原点は、当時東京で見かけたタバコの販売促進を行う「ピース娘」。それをシュウマイの販売に応用し、「シウマイ娘」としてデビューさせたのです。

１９５０年（昭和30年）、横浜駅構内で「シウマイ娘」がシウマイの販売を開始。身長１５８cm以上と、当時の女性としてはかなり長身を採用、その華やかないでたちとともに話題を呼び始めます。そして、その3年後の１９５３年（昭和33年）、横浜ゆかりの作家である獅子文六氏原作の映画『やっさもっさ』で、横浜駅構内の「シウマイ娘」が取り上げられ、その存在は全国に知れ渡り、同時に崎陽軒のシウマイも全国区となりました。現在は地上波テレビやインターネットの広報効果が最もあるとされていますが、時代は白黒テレビの放送がようやく始まったばかりの頃。全国で上映された映画が、当時のマスメディアといっても間違いではないでしょう。

シウマイ弁当の登場でさらに拡大

少し時代は前後しますが、戦後、日本は食糧難時代に突入、政府により営業米が一旦中止となり、駅弁そのものが販売できなくなりました。しかし、10年弱の時を経て解除になり、再び駅弁を販売できるようになります。そこで崎陽軒は、いち早く駅弁を再開しただけでなく、ヒット商品のシウマイを使ったオリジナル弁当を、１９５４年（昭和29年）に発売します。

今日のシュウマイ界の王者弁当であり、駅弁界においてもトップを走り続ける、「シウマイ弁当」の誕生です。

当時の弁当の中身は、具がシウマイ4個、かまぼこ、福神漬け、筍煮、ブリの照り焼、エビフライ、切り昆布。その後、「シウマイ弁当」は基本構成はそのままに、マイナーチェンジを経て、今日の内容になっていくわけですが……その詳細を語るだけでも、１章分かかってしまいそうなので、崎陽軒監修の専門書などにお任せします。

その後、１９５６年（昭和31年）には日本橋高島屋に売り場を創設し、横浜駅以外の販売網を拡大。１９５８年（昭和33年）には1日のシウマイ出荷数が3万箱を突破します。１９６７年（昭和42年）には「真空パックシウマイ」の販売を開始、長期の保存が可能になり、物流課題もクリア、さらに販路を拡大しています。

ローカル戦略で横浜シウマイが定着化

一方で課題も見えてきました。販路が増える分、販売状況の把握が難しくなり、崎陽軒ブランドの管理が難しくなり始めました。

当時、すでに崎陽軒を率いていた、現社長である3代目野並直文氏は、あるとき、1980年代から大分県で始まった「一村一品運動」のことを知り、「これからの時代は、ナショナリズムからローカリズムだ」と感じ、横浜、関東エリアの地域密着路線へと舵を切り、「関東に来なければ買えない」不便さをむしろブランド化します。

こうした戦略も功を奏し、コロナ前まで崎陽軒は売上を着実に拡大。2020年コロナ禍で苦境を強いられましたが、それでも崎陽軒の看板商品「昔ながらのシウマイ」は、1日約80万粒を製造、「シウマイ弁当」は1日2万5千個を超える売り上げを誇ります。

東の崎陽軒、西の中央軒

横浜で「博雅」がシュウマイを名物料理としてスタートさせ、崎陽軒が「横浜名物」として定着させる。その後、崎陽軒のように駅ナカの売店でシュウマイを販売する事例は、関東近郊で見られるようになりますが、それでも崎陽軒が随一の存在を維持しています。

関西においても、駅ナカのお土産では「551蓬萊」の存在感が際立ちますが、発祥の時代的にも、発祥した背景にしても、「第二世代」とは異なるため、これは「第四世代」として定義することにいたします。それも、第4章で詳しく説明しますので、ご辛抱を。

実は、崎陽軒のような形でシュウマイが名物化した地域が、関東以外にありました。それは、関西を飛び越え、九州の佐賀・鳥栖まで至ります。

「東の崎陽軒、西の中央軒」。ウェブサイトに記されているように、九州地区の旅の名物シュウマイとして生まれたのが、中央軒のシュウマイです。

中央軒の創業は1892年（明治25年）。当初は鳥栖地域でお祝いの席で食べられる「かしわめし」を名物として提供し始めます。その後、第二次世界大戦を経て、1956年（昭和31年）に「焼麦（シャオマイ）」を販売開始。当時まだハイカラで珍しかった点心に着目し、長崎在住の中国人に教えを請い、広東風の味を生かしながら、日本人の舌にも合う、中央軒独自のシュウマイを完成させました。そして今日に至るまで、鳥栖駅を訪れる人を中心に愛され続けています。

関西の〃幸せの黄色いシュウマイ〃

では、博雅のような形で生まれた名物シュウマイは関西地区にはないのか？　多くは前出の「551蓬莱」に倣った時代と発祥の形を持つ「第四世代」に分類されますが、数少ない形で残っているのが、大阪・難波にあります。「一芳亭」です。

創業は1933年（昭和8年）。華風（中国風）料理の店として開業し、当初からシュウマイとともに、若鶏の唐揚げなどを提供します。開業当初は、ちゃんぽんなども出していたそうです。

シュウマイは創業から変わらぬスタイル。特徴は、一口サイズであること、ふんわりとした甘味ある食感、そして何より個性的なのが、黄色い皮で包まれている点です。

同社ウエブサイトによると、開業当初、シュウマイの皮の具材である小麦粉が手に入りにくく、代替品として卵を用いたことが始まりとされています。なので、小麦粉の一般的な皮のクニャッとした食感はなく、卵の優し

い食感と、ほのかな甘みが感じられます。

シュウマイそのものの、蒸しあげられた食感と優しい味わいが、「幸せ」を喚起させると私は思いますが、ことさらこの「幸福感」が強いシュウマイが、一芳亭のシュウマイだと、私は感じます。そのため、私は別名「幸せの黄色いシュウマイ」と呼んでいます（お店に許可は取っていませんので、間違ってもお店の方に当たり前の顔をして使用しないようにご注意を）。

鉄道の拡大と百貨店が全国区に

これら4つのシュウマイ以外にも、「第二世代」に当てはまる店や会社があるかもしれませんが、その土地や全国的にシュウマイの存在を定着、拡大させた代表格といえば、この4つであるといって間違いないでしょう。同時に、それぞれのシュウマイが類似することなく、個々の特徴をしっかりと持っているところも、注目すべき点です。

これらがシュウマイの一時代を作った理由は、その個性と、今の時代でも通用するシュウマイそのものの品質がありますが、「鉄道の発達」と「百貨店の増加」という時代背景も、後押ししたと分析できます。

前者は、崎陽軒と中央軒が当てはまり、鉄道の発達とともに広がり、車中の食事やお土産として、シュウマイが定着していきます。そして後者は、実は4つのシュウマイのほとんどが百貨店に出店しており、シュウマイの大きな販路になっただけでなく、百貨店にとってもシュウマイが食のキラーコンテンツになったとも捉えられます。

ただ、冒頭での私の迷いがあった通り、明治期からの「日本的シュウマイ」のはじまりと拡大を語る上で、「第三世代」の存在も欠かすことはできません。「第二世代」もたっぷりと書きましたが、「第三世代」も負けず劣らずのボリュームと説得力があります…まだ旅は始まったばかりです。

シュウマイ企業訪問②

崎陽軒

Kiyoken

「シュウマイ第二世代」をまとめるにあたり、
崎陽軒の歴史を紐解き、
同時に現在、未来の崎陽軒の取り組みを
同社広報の西村浩明さんと小川萌子さんに、
工場見学も交えて（！）取材させていただきました。

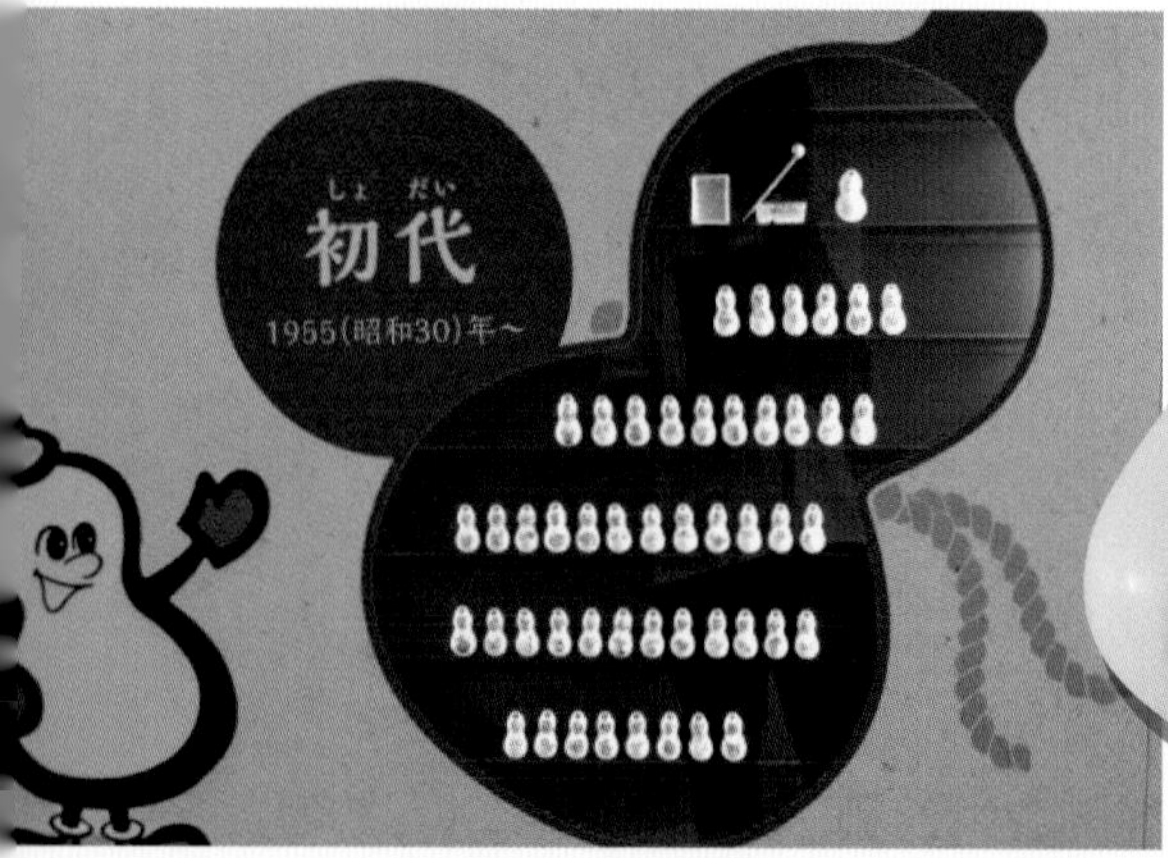

工場見学のコースには「ひょうちゃん」の歴史がわかる展示も

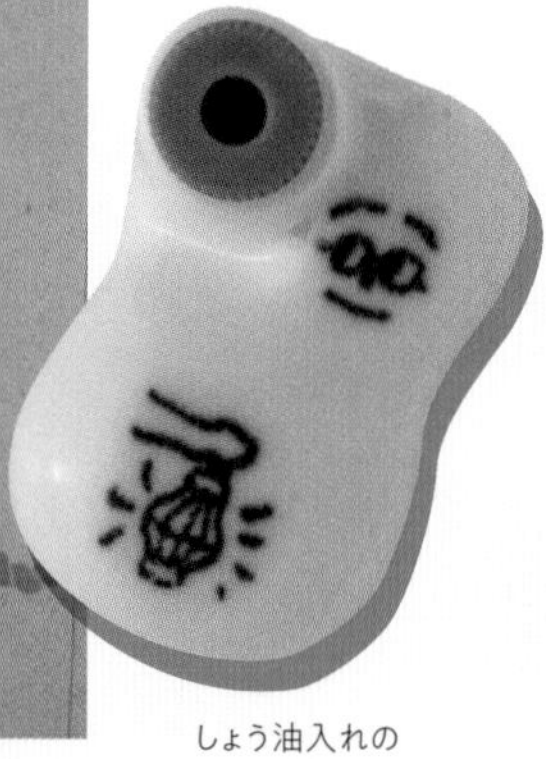

しょう油入れの
「ひょうちゃん」

上／中身「あん」が、滝のように大量にシウマイ製造機?に投入される様子。圧巻!

下／「シウマイ弁当」の具材は手作業で詰められる。包紙を紐で結ぶタイプは横浜工場スタイル

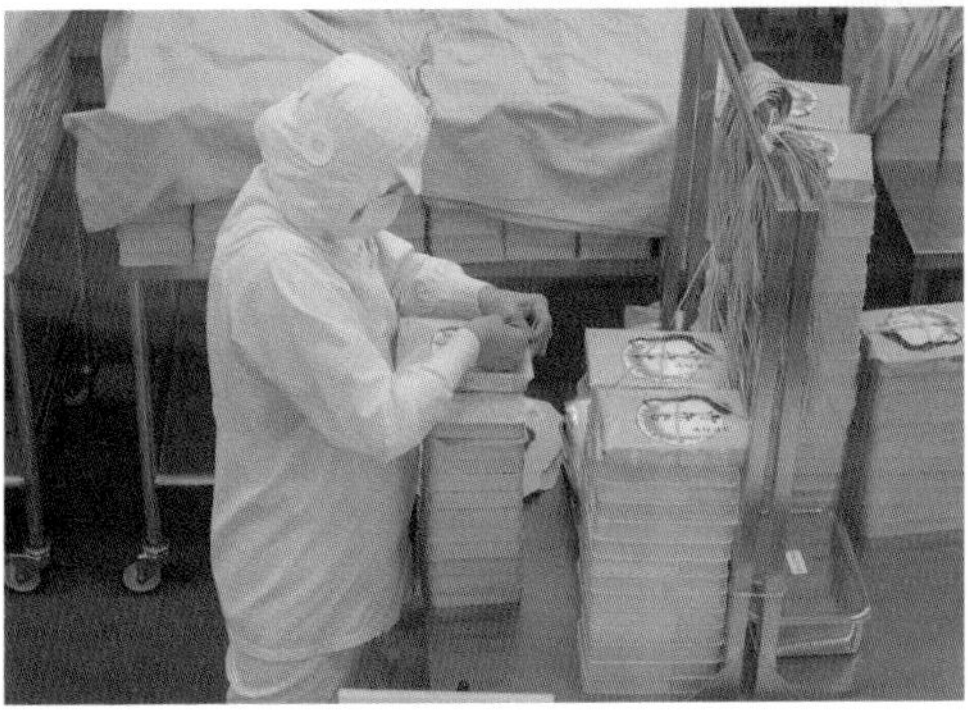

挑戦と伝統の共存。

崎陽軒という企業を一言で言うと、そう表現できると、改めて思いました。

今や横浜を代表する一大食品製造販売企業ではありますが、駅ナカのお土産屋としては後発であり、ましてやシウマイを名物にすることは、「挑戦」といえば聞こえはいいですが、むしろ「賭け」であったとも言えます。

ただし、「挑戦」なくして「成功」なし。その「挑戦」を成功に導くための「シウマイ娘」販促作戦、戦後駅弁が復活できるタイミングを見逃さず、名物を弁当のメインに据える新たな「挑戦」を行う。そして、2000年代の「ローカル戦略」と

資料提供:崎陽軒

いうブランディング。おそらく、うまくいかなかったこともあるでしょうが、老舗企業という看板にあぐらをかくことなく、こうして「挑戦」し続ける姿勢が、崎陽軒のシウマイファンを着実に定着させていったと分析できます。

一方、「伝統」は徹底して貫く戦略を取ります。

時代とともに、基本の「昔ながらのシウマイ」をビッグサイズにした「特製シウマイ」や、「えびシウマイ」「かにシウマイ」「黒豚シウマイ」など多彩なシウマイを発売しますが、その基本となる「昔ながらのシウマイ」のレシピは、原材料は変えず、「豚肉」「タマネギ」「グリンピース」「干しホタテ貝柱」「塩」「胡椒」「砂糖」「でんぷん」のみ。「昔ながら」の看板に、偽りはありません。

むしろ、工場のシウマイ製造ラインはバージョンアップし、食材の品質や保存環境は間違いなく向上しているといいますから、「伝統」を守りつつも、見えないところで「向上」しているとも言えます。

「伝統」を守りつつ、「挑戦」は今も続きます。「昔ながらのシウマイ」の入った「シウマイ弁当」をはじめ、崎陽軒の出す定番弁当と、横浜のスポーツチームや消防、警察などとコラボした限定商品を開発、それと合わせて崎陽軒のマスコット醤油入れ「ひょうちゃん」の限定デザインなど、マニアの心をくすぐる商品を次々と販売しています。

資料提供：崎陽軒

コロナ禍で横浜の人の流れが激減し、崎陽軒も大きな打撃を受けましたが、これも「挑戦」を続け乗り切ろうとしています。電車移動がダメなら、車移動の顧客獲得を目指し、ロードサイド店を増設。また、「冷凍駅弁」を開発販売し、「駅弁で冷凍が売れるのか?」という疑問を見事払拭し販売好調。通信販売にも力を入れ、徐々に売り上げ拡大しているといいます。

さらに今、崎陽軒は横浜を飛び出し、シウマイで「地方創生」にも「挑戦」し始めています。初代社長の野並茂吉氏生誕の地である栃木県鹿沼市と提携し、2021年（令和3年）9月22日に鹿沼駅前に「シウマイ像」を設置。地元飲食店にシウマイレシピを提供するワークショップを行ったり、シウマイを提供する店舗をまとめたマップを作ったりと、鹿沼市を「シウマイの街」にすべく、後方支援をしています。

駅ナカの売店からシウマイを名物にし、シウマイを全国に広め、そしてシウマイで地方を活性化する。

　これほどシウマイのポテンシャルを引き出し、活用している企業事例は、私もずいぶんとシュウマイの企業と店を見て、食べてきましたが、他にはありません。ぜひとも他のシュウマイに携わるメーカーまたは関連企業は、崎陽軒の取り組みを知り参考にしていただき、事業の活性化に役立てて欲しいと、心から願っています。

　そして、シュウマイを愛する皆さんは、こうした崎陽軒の取り組みを知ると、さらにシウマイが美味しくなるはずです。個人的には、ぜひ横浜駅東口の崎陽軒本店で、横浜の風を感じながら、まずは「昔ながらのシウマイ」を味わってほしいです。

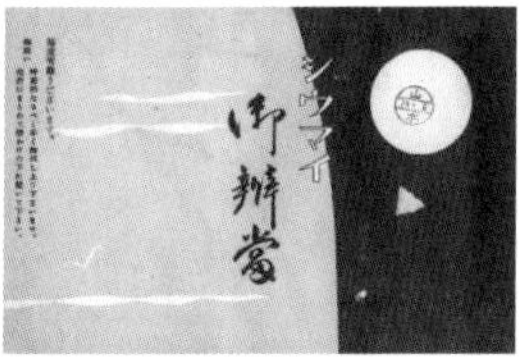

資料提供：崎陽軒

崎陽軒本店
〒220－0011　神奈川県横浜市西区高島2－13－12
https://kiyoken.com/

シュウマイ企業訪問 ③

中央軒

Chuohken

九州最古の駅舎として知られる、JR鳥栖駅。その建物は1904年（明治37年）に新築移転した2代目で、建て替えの話もあったものの、その当時の面影をそのままに残し、趣ある佇まいで私たちを出迎えてくれました。

その駅ターミナルを挟んだ向かいに、駅舎の趣に負けないぐらいの歴史を感じさせる、「中央軒」本社工場が建っています。

今回、本書発刊のギリギリのタイミングで取材を受けていただきましたが、今まさに「中央軒」とそのシュウマイは、大きく生まれ変わろうとしている最中で、我ながら「シュウマイ運（そんなものがあるかは分かりませんが）」あるなあ～と、しみじみ感じてしまいました。

まさに取材で訪問した約2ヶ月前に、会社の経営体制が刷新。若手が経営の中心となり、「シャオマイ（焼麦）」ブランドの再構築に取り組みはじめたところでした。

現在、「シャオマイ（焼麦）」は常温販売で、本店と鳥栖駅構内と博多駅の一部地域でしか購入できませんが、基本的な味はそのままに、その味を限りなく再現できる形で、かつて製品化したチルドの商品化に再挑戦。全国で「シャオマイ（焼麦）」が食べられる環境を整え始めています。

一方で、王道の豚肉具材だけでなく、「鶏」を用いた「シャオマイ（焼麦）」にも着手。実はすでに、プロ野球ソフトバンクの本拠地の「福岡ドーム」限定で販売していますが、それを本店などでも販売する計画も進めているといいます。

第7章で触れますが、「鶏」は「第七世代」が活性化したトレンド食材です。また、同社はそもそも「かしわめし」を名物として販売し始めた歴史があります。ある意味、「鶏シュウマイ」を始めるのは必然だったのかもしれません。

さらに、SNSの発信も強化。「ガチャポン」とのコラボ商品も開発。全国的かつイマドキ世代にも「中央軒」ブランドの浸透をはじめています。

基本の「シャオマイ（焼麦）」を私目線でおさらいすると、グリンピースが中央に乗った、小ぶりな昔ながらのクラシックな見た目。その中身は肉肉しさがあり、味付けも濃い目で、「中央軒」駅弁にも入っているように、冷めても美味しい味わいに。素朴ながら食べ飽きず、ごはんのおかずにも、お酒のお供にもピッタリ。

そんな「シュウマイらしさ」が詰まった一品は、東日本ではなかなか目にかかれませんでしたが、今後は話題性も含めて全国的に目にする機会が増えていきそうです。

「中央軒」を率いる
中心メンバーのみなさま

鳥栖駅舎と駅内の「中央軒」売店。

中央軒

〒841－0034 佐賀県鳥栖市京町729
http://www.tosucci.or.jp/kigyou/chuohken/index.html

第三世代

庶民の味から生まれたもう一つの日本流

地域の定食屋として
育まれた
町中華のシュウマイ

町中華の元祖のひとつである「來々軒」にもシウマイが。

町中華にシュウマイが少ない理由

「シュウマイ第三世代」は、私がシュウマイ研究を始めるきっかけとなった存在とも言えます。

神奈川生まれ神奈川育ちの私は、第二章で主軸となった「崎陽軒」が常に身近にありました。また、ほとんど記憶にないですが、家で食卓にのぼるシュウマイは実は母の手作りだったこともものちに判明。子どもの頃から、週に1度は家か弁当でシュウマイを口にし、ある意味シュウマイの「エリート食育?・」を受けてきたとも言えます。

ただ、社会人になってから神奈川を離れて東京に暮らし始めるのと同時に、「親離れ」ならぬ「シュウマイ離れ」が自然と進み、いつしかシュウマイを食べないことがあたり前の日々になっていました。

そんな私の「シュウマイ熱?・」が再燃し、本格的にシュウマイ研究=食べ歩くことをはじめたのは、2015年ごろ。きっかけをよく聞かれるのですが要因は様々あり、それぞれの説明も長くなってしまうので、別の機会に譲りますが、一つの大きな要因は、「予想以上に、世の中の飲食店にシュウマイが用意されていない」ということがわかってきたからでした。

と、私個人の話はこの辺にして、この「飲食店にシュウマイが少ない問題」をさらに深掘りしていくと、日本におけるシュウマイの歴史と特徴が見えてきました。

第二次世界大戦がシュウマイ分岐点

シュウマイのある町中華は、老舗が多い。

そもそも「町中華」という時点で老舗だ！　というツッコミが入りそうですが、シュウマイ研究を通してわかってことがあります。それは老舗のなかにも新旧があり、その時代ごとに微妙に「町中華」としての特徴の違いがあるということ。そのひとつが、シュウマイの有無なのです。

そして、シュウマイ有無の分岐点が、第二次世界大戦にあることもわかってきました。

シュウマイ研究を始めて間もない頃、私は町中華を見つけてはシュウマイ目当てに飛び込んでいましたが、そのうち7～8割（もっと多いかも）の店で「ギョーザはあるけれどシュウマイがない」という厳しい現実を突きつけられ、なんとも言えない敗北感を抱いてきました。

しかし、なかにはシュウマイがある店もあり、さらに研究を進めていくと、どんな町中華ならばシュウマイがあるのかがわかってきました。その大きな特徴が、第二次世界大戦前から営業していること。つまり戦前から残る町中華にこそ、シュウマイはあるのです。

なぜ第二次世界大戦が分岐点かというと……そのおおもとは、戦後の「焼き餃子」の登場にあるようです。焼き餃子は戦後の屋台などで大ヒット。その勢いのまま新たに登場した町中華や中華料理店でラーメン、チャーハンなどと共に定番料理となり、今日に至ると言われています。その代わりに、戦前のシュウマイが取って変わられ、戦前から続く店を中心に、わずかにシュウマイが残っているというのが現状のようです。自分で書きながらなんとも言えない気持ちになりますが……これはまだ検証の余地があるので、現時点ではこの辺で。

ここで、ひとつ確認を。そもそも町中華とは何か？

この言葉を広く知らしめたといわれる書籍『町中華とはなんだ』（立東舎）によると、「個人経営の大衆的中華料理店」と定義づけられ、「カツ丼、オムライス、定食などもある」食堂的な側面も持つ店を町中華としています。ただ、この定義は時代によって全て当てはまるものばかりではない（例えば、明治期にはまだオムライスがない？　など）ので、「庶民的な中華屋」と、本書では位置付けたいと思います。町中華のシュウマイは、その定義にならった雰囲気をまとっています。シュウマイのジャンルとしては、「大ぶりで肉肉しい」ものもあれば、「ふんわりやわらか」「とろとろジューシー」など、店によって個性はさまざまなのですが、共通するのは、「中華料理店なのに、中華料理っぽくなく、むしろ和食的な優しさが滲み出ている」こと。これは町中華という、日本の一つの食文化が生み出したシュウマイだと、私は考えました。よって、個性はさまざまなのだけれど、食堂的な和の要素も含んだ中華料理店のシュウマイ、これを「シュウマイ第三世代」と定義づけることにします。

日本初の町中華シュウマイは、あの浅草の名店から

では、日本最古のシュウマイを出した町中華は？　前出の定義「カツ丼、オムライス、定食など」はないけれど、「中華そばを日本で初めてヒットさせた、大衆食堂的中華料理店」である、浅草「來々軒」がそれにあてはまると、私は考えました。

創業は1910年（明治43年）。創業時からシュウマイを出していた確証はありませんが、1914年ごろの店頭を写した写真には、「ワンタン」という名とともに、「シューマイ（当時の表記に準じます）」の文字が明確に記されています。

第二章にあるように、この「來々軒」の存在が、「第二世代」「第三世代」の区分けをどうするか、悩ましくさせた理由です。「第二世代」の先駆者、横浜「博雅」がシウマイを売り出したのが、1899年。「來々軒」の10年ほど前です。それは世代としてはほぼ同じでは？　と思い悩みましたが、その違いは明白。あえて区分けすることを、私は力を込めて決意しました……！

資料提供:新横浜ラーメン博物館

あの「つけめん系列」にもシュウマイが

「來々軒」以降の町中華のなかで、戦前創業の人気店といえば、今やラーメン業界の一大勢力となった「つけそば」を世に生み出した「大勝軒」も含む、「丸長」系列店であります。そしてその系列店には、かなり高い確率でシュウマイが存在します。

「丸長」系列の発祥である東京荻窪「丸長」。今も多くのファンが日々その味を求めて列をなしていますが、店内にはしゅうまいのメニューがしっかりと記されています。大ぶりながらもっちり優しい味。濃いめのラーメン、つけそばの味を殺さず、しっかりと「脇役」を務めてくれます。

東京下北沢にある「下北沢丸長」は、ラーメン、つけそばももちろんありますが、定食的メニューも豊富なまさに町中華。そのシュウマイは、「荻窪丸長」よりももう少し肉感が感じられますが、それでも他の料理の味を邪魔しない、脇役的なあっさり目の味。ラーメンとシュウマイとライスのセットもあり、シュウマイをしっかりと全面に出してくれています。「丸長」から派生した「大勝軒」系の代表格である「代々木上原大勝軒」や「お茶の水、大勝軒」にも、シュウマイのメニューがあります。そしてその「大勝軒」という名前の由来にもなったと言われている、今は閉店してしまった「人形町大勝軒」にも定番メニューとしてシュウマイがあり、創業当時の人気メニューだったと言われています。

丸長

実はシュウマイも名物の築地

さて、東京都市部には名店と言われる町中華が集中するエリアはいくつかあります。そのひとつが、築地。実はこのエリアはシュウマイのある確率も高く、私も研究を本格化させる2015年以前から、この街の個性的かつ高いクオリティのシュウマイを味わい、シュウマイの魅力の一端を感じていました。

築地には、今は豊洲に移転した「場内」に2箇所、今も築地の中心地として賑わう「場外」に2箇所シュウマイを出す店があり、それらは「シュウマイ四天王」と呼ばれていますが、そのうち3軒がいわゆる町中華的な中華料理店です。うち1軒の「ふぢの」は戦前創業ですが、戦後まもなく創業した2店「やじ満」「幸軒」も同様の雰囲気を漂わせていることから、独断と偏見で「第三世代」に私は当てはめることにします。

今は豊洲に移転した2軒のうちのひとつの「ふぢの」は、1935年(昭和10年)創業。豚肉中心の具材がたっぷりで、皮も薄皮ながら程よく食感が残る、古き良きシュウマイスタイル。そしてもう1軒の「やじ満」は、女性の小さな握り拳ぐらいある存在感あるシュウマイが名物。肉感ありつつも滑らかな食感で、2個ぐらいはぺろりといけます。ソースとの相性が抜群です。

「場外」の1軒「幸軒」は、築地の細い路地の奥にある、隠れ家的存在のお店。しかしシュウマイは対照的なビッグサイズで、「やじ満」に匹敵する迫力です。肉感もしっかりと残り、二個食べればかなりの満腹感。

「四天王」唯一町中華的ではない「菅商店」は、シュウマイに加え餃子などの手作り中華惣菜をテイクアウトできるお店です。シュウマイの種類も多く、築地らしい逸品としては、築地の鶏屋「鳥藤」の鶏を使った、別名「築地内コラボ鶏シュウマイ」があります。ただ、世代としては後述の「第五世代」にも該当すると思われますので、また改めて。

これら「四天王」は、数少ない？ シュウマイ好きの間でも有名ですが、実は築地にはもう1軒、知る人ぞ知る名店があります。「中華幸軒」という創業1923年（大正12年）の、まさに「第三世代」の町中華です。シュウマイはちょっと大きめのしっかり系。ちなみに、前出の「幸軒」とは別経営のようです。

長崎ではシュウマイはマイナー？

特に都心部のシュウマイを食べ歩くうちに、「町中華」とは違うジャンルの料理店でシュウマイに出会う確率が高いことに気づきました。それは、長崎料理屋。ちゃんぽん、皿うどんが名物の店の単品メニューを見てみると、餃子とともにシュウマイがあることが多いのです。その法則がわかってからは、長崎料理屋があれば最優先で確認するようにしていますが、実際にシュウマイがあることがほとんどです。

具体例では、高田馬場と渋谷に店舗を置く「長崎飯店」。三軒茶屋の「長崎」。恵比寿の「どんく」。そして閉店してしまったけれど、神田の「西海」。

では、本場長崎でもシュウマイが食べられるか？　というと……断定はできませんが、私が調査した限りでは、「本場長崎ではシュウマイは食べない」ようです。長崎中華街の代表店の一つ「江山楼」にもシュウマイがあり、これがまた酢がらしと相性のいい本格派ですが、他の店ではシュウマイを見つけることが難しく、長崎関係の人にヒアリングしても、「シュウマイを食べる文化はない」という声が圧倒的に多かったです。

長崎の中華屋ではシュウマイはないのに、東京の長崎料理屋にはシュウマイがある？「シュウマイ七不思議」の一つとして、今後調べていきたいと思います（他の6つは……これから探していきます）。

早稲田生御用達居酒屋が残したもの

町中華ではないのですが、前出の町中華の法則に当てはめて、「定食などを提供する大衆食堂的な役割」を持つ店として、早稲田にある居酒屋「源兵衛」も、「第三世代」のひとつとして挙げておきたいと思います。

「源兵衛」は1926年（昭和元年）創業、早稲田大学の程近く、近隣の地名に「源兵衛村」があったことが名前の由来と推測されます。

看板に「焼き鳥、シューマイ、天麕」と記されているように、シュウマイが看板メニューの一つ。皮は薄皮、豚肉ベースながら複雑な風味とうまみで、居酒屋ならではの手の込んだおつまみ仕様。まさに「居酒屋系シュウマイ」の元祖の一つと言える存在でしょう。

ちなみに、この店のもう一つの看板メニューに「厚焼玉子」もあるのですが、ある「第七世代」の先駆けとなった店の元オーナーが、この店のシュウマイと厚焼玉子の思い出が忘れられず、中華でも居酒屋でもないのにシュウマイをメニューに加えた、と語っていました。その「第七世代」の店は……第7章をお楽しみに。

なくしてはならない「第三世代」

他にも全国各地に「第三世代」と定義づけられる町中華は点在し、私も存在は知っているもののまだ行けていない店は多くあります。今後巡っていきたいと思っていますが……実は現在、名店と言われる町中華は存亡の危機にあります。

先にもあげた「西海」だけでなく、同じく神田の戦前創業の知る人ぞ知る名中華で、シンプルながらつまみに最適なシュウマイを提供していた、「巴家」も2019年に閉店。本項では触れませんでしたが、原宿の椎茸の風味漂う「しっとり系」シュウマイを提供していた「福蘭」も、2020年末にひっそりと歴史に幕を閉じました。

推測できる要因の一つは、後継者問題。先にあげたように戦前創業が多く、戦後まもなく創業した「第三世代」も、世代交代ができていなければ主人が高齢であることが多く、仮に人気があっても存続自体が難しいことが考えられます。

もう一つの要因は、まさに今も飲食店にダメージを与え続ける、コロナウイルスの影響。前出の後継者問題があり、コロナで休業を余儀なくされれば、閉店するちょうどいいタイミングと判断しても、誰も文句は言えません。

もちろんそれぞれの店の事情ですから、1人のシュウマイ愛好家が口出しするのもおこがましいですが、「第三世代」は店そのものが後世に残すべきレガシー（遺産）。残す方法は考えたいし、力になりたいです。そのためにできることは、食べて応援すること。その視点からも、「第三世代」は急いで味わうべし！　であります。

シュウマイ企業訪問 ④

來々軒

Rairaiken

「來々軒」は、本章で記した通り、1910年（明治43年）に創業。その初期から「シューマイ」を販売し、日本初の「中華そば」のヒットの脇役として、「シューマイ」の地位を確立したと考えられます。

ただ、その歴史は後継者問題もあり、1976年（昭和51年）に一旦幕を閉じます。「第三世代」元祖シュウマイの味は永遠に食べられない……はずでしたが、なんと、2020年に復活したという情報が。しかも、シュウマイの聖地である「新横浜ラーメン博物館」で！

早速訪れ、「シウマイ」と「ミニラーメン」「ライス」を注文し、即席「來々軒」シウマイセットを実食。「シウマイ」は女子の小さいゲンコツサイズの超大ぶり！　聞けば1個60g。皮も薄めながらしっかりとした食感で、肉がゴロゴロ入っていながら、それほど肉肉しさが残らず、むしろあっさりとしたあと口。隠し味に豆腐を入れているそうで、これなら60gでもペロリ。下味もあっさり目で、醤油とカラシはもちろん、コクのある醤油ラーメンのスープとともに口に入れるとちょうどいい塩梅に。王道シュウマイは、現代でも十分通用する味わいでした。

浅草名物
来々軒

ただ、この「シウマイ」を当時の味そのままに再現できたかは、作り手もわからないそうで、「残されたレシピを元に作ったが、当時とは食材や調味料も違う。レシピに従いながらも、より美味しいシュウマイに仕上げた」というのが本音だそう。でも、十分美味しい。それが「今日に継承する」ということなのだと、私は思います。

「來々軒」復活プロジェクトは、「新横浜ラーメン博物館」の「來々軒」調査研究のもと、創業者である尾崎貫一氏の孫の高橋邦夫氏と、玄孫の高橋雄作氏の協力を得て、ラーメン制作には名店「支那そばや」が監修。スープは当時使用されていた食材に限りなく近いものを選び、麺も当時の遺伝子を持つ小麦を使用！　さすがは「ラー博」。その熱意と執念にあらためて敬服するとともに、シュウマイでも他でそういうことができないかと、即席シュウマイセットを完食したあと、1人ほくそ笑みながら現場を後にしました。

來々軒

〒222－0033 神奈川県横浜市港北区新横浜2－14－21 新横浜ラーメン博物館内
https://www.raumen.co.jp/

シュウマイ企業訪問 ⑤

どんく

Donku

1982年（昭和57年）に恵比寿の地で創業。手作りの長崎ちゃんぽん、皿うどんをはじめ、長崎ご当地の郷土料理や多様な居酒屋料理が人気で、40年以上を経た2021年現在も、恵比寿周辺の人々の「大衆定食&居酒屋」として、愛され続けています。

そのなかの看板メニューの一つに、シュウマイがあります。

かなり大ぶりスタイルで、一つの大きさはなんと約70g！　小ぶりのハンバーグを食べるぐらいのサイズ感です。包まれる皮もしっかりしているので、1個食べるだけでもかなりの食べごたえ。でも、しばらくお酒などを飲んでいると、「もう一個食べたいなあ……」と不思議とおかわりしたくなる、そんな優しく懐かしい味です。

本章でも触れた「長崎料理屋に、シュウマイあり」の法則に気づき始めたきっかけを作ったのも、この「どんく」でした。

ご主人の田川誠さんに思い切って、「長崎でもシュウマイは日常食か?」と尋ねてみると、あっさりとこんな答えが。

「食べた記憶がないです……シュウマイといえば、崎陽軒でしょう?」

田川さんは、生まれも育ちも長崎県。高校時代に上京し、兄の誘いで中華料理の世界へ。麻布十番、六本木の高級店で腕を磨きました。その後独立し「どんく」を創業。中華の技術を生かしつつも、東京に暮らす長崎の人々の憩いの場にしたいと、ちゃんぽん、皿うどんなど、自らの記憶を辿りながら商品化し、提供し始めたといいます。

「どんく」は長崎の方言で「かえる」の意。長崎の人ならこの言葉にピンとくると思い、店名にしたそうです。

シュウマイは、中華料理店勤務時代に、本場中国のシェフから学び、アレンジして「どんくスタイル」に仕上げたもの。しっかりとした皮と食べ応えある具は、広東ではなく北京のスタイルを踏襲しているのかもしれません。

ただ、スタイルは今も完成はしていない、と田川さん。「日々、もっとおいしくならないか考えて作っています。シュウマイも、ちゃんぽんも、他の料理も」

おかわりしたくなる理由は、こういう弛まぬ努力と思いが詰まっているからかもしれません。

どんく

〒150－0021 東京都渋谷区恵比寿西1－14－2

シュウマイ企業訪問⑥

小洞天

Shodoten

「中華街などから派生したシュウマイ」と「町中華シュウマイ」を「第二世代」「第三世代」どちらにするか迷ったように、小洞天も「第二世代」「第三世代」どちらに属させるか、非常に迷いました。というか、まだ結論は出ていません。

ただ、本書制作にあたり、改めて取材をさせていただく中で、現時点では「第三世代」にすべきだと、改めて感じました。

小洞天は、東京を代表するブランドシュウマイの一つ。そして、「第二世代」「第三世代」どちらの側面も持っています。今でこそ「シュウマイを中心とした本格中華店」ですが、そのはじまりは1944年、なんと「雀荘」で提供されるシュウマイだったそうです。

そのシュウマイは人気を呼び、戦後しばらくして中華料理店として日本橋で開業。「焼きそば」「坦々麺」など名物料理が加わりますが、あくまで「シュウマイ」を中心とした、地元を中心に親しまれた飲食店となっていきます。まさに「第三世代」です。

しかし、この「町の中華屋のシュウマイ」が「東京名物のシュウマイ」になったのは、「第二世代」が全国区になったのと同じく、都内百貨店内「デパ地下」コーナーで販売することになったのがきっかけでした。全国から百貨店に集まる人々が、おみやげとして小洞天のシュウマイを購入。これが「第二世代」的な要素となっていきます。

その後、日本橋本店を中心に、大手町近辺に支店を設立。こう書くと「第二世代」的な名物シュウマイの色彩が強く感じるかもしれませんが、あくまで出店エリアは日本橋界隈限定であり、どの店も雰囲気は「古き良き王道的中華料理店」です。

今でこそ、通信販売もあり全国で食べられますが、そのメインの「名物シュウマイ」は、1個42g前後の大ぶりサイズに、豚肉はがっちりとした塊となり、私の記憶史上もっとも噛み応えあるシュウマイといえます。そして少し甘めで、ほのかに生姜が効く味わいは、ボリュームがありながら不思議と箸が進んでしまいます。

創業当初から変わらぬこの味は、家で温めてももちろん美味しいのですが、実際に店で食べるとさらに際立ちます。

この、お店でぜひ食べて欲しい味。この点こそ、私が現時点で小洞天を「第三世代」に決めた最大の理由です。まだお店で食べたことのない方は、ぜひお試しください。個人的には、まずはシュウマイとご飯とザーサイ、スープのシンプル構成がおすすめです。

小洞天 **日本橋本店**
〒103－0027 東京都中央区日本橋1-2-17
https://shodoten.com/

第四世代

名豚（肉）まんあるところに、良シュウマイあり

豚（肉）まんの相棒、おみやげシュウマイ

実力は主役＝豚（肉）まんに負けない名バイプレイヤー

おみやげシュウマイとして定着

おかげさまで、本書を書く機会をいただけるほど、シュウマイという料理に注目が集まり始めていますが、それでも多くの人は、中華料理の中では脇役というイメージが強いでしょう。でも私は、そのイメージは大事にして欲しいと思っています。なかなかないですよ、脇役なのに、知らない人がいない料理なんて。まさに、役者でいう「名脇役」。他の料理を引き立てながら、本人の個性もしっかりと打ち出し、食べる人の記憶に残る。食事全体の満足感も高める。ある意味、能力がないとできないことであります。その「名バイプレイヤー」というイメージが定着した理由は、第3章で少し触れた、戦後の焼き餃子の台頭や、「第五世代」の冷凍やチルドシュウマイによるお弁当脇役おかずとしての地位確立など、いくつかの要素が挙げられますが、その中で私は「豚（肉）まんの相棒」であることも、欠かせない要因だと考えています。

まさにそのシュウマイを、「シュウマイ第四世代」として、私は定義付けたいと思います。相棒、脇役、というと二番手的な印象を受けられるかもしれませんが、今や、「ＰＡＯＰＡＯ」や「５５１蓬莱」などを筆頭に、全国の駅ナカ店舗を中心に「豚（肉）まん＋シュウマイ」をセットで販売する姿が至るところで見られます。そしてそれは、駅ナカシュウマイの王者、「シュウマイ第二世代」崎陽軒に勝るとも劣らない存在感を示し始め、「おみやげシュウマイ」の選択肢の一つとして、すっかり定着しています。また、豚（肉）まんをメインで販売する店は、皮や中身のあんにもこだわりがあり、そのこだわりがシュウマイにも生かされていることがほとんどです。つまり、「名豚（肉）まんあるところに、良シュウマイあり」なのであります。

※ちなみに「豚（肉）まん」と表記しているのは、主に関西では「豚まん」、関東では「肉まん」と表記し、その日本での発祥は神戸と言われているためで、「豚（肉）まん」と関西表記を尊重しています

関東では浅草、銀座、神楽坂などで誕生

では、この「第四世代」スタイルがどこから生まれたのか?というと…

いち早く登場したのは、関東。

今日の「第四世代」勢力まで広がったのは、関西。

であることが、私なりに調査した現時点では言えると思います。

私の調査で、豚（肉）まん＋シュウマイを提供している最古の店は、浅草の名物お土産の一つ「セキネ」のシュウマイです。

セキネは現在、浅草、赤羽に店舗を構え、テイクアウト専門として営業していますが、1921年（大正10年）創業時はパン屋、1935年（昭和10年）以降は、食堂を運営していたそうです。その横で、肉まんやシュウマイなど点心を販売していたところ、浅草芸人たちに支持され、浅草名物として広まっていったと言います。

「維新號《いしんごう》」も、関東では古くから「第四世代」スタイルで知られる名店です。実は創業は「セキネ」よりもさらに古く、「第一世代」に匹敵する1899年（明治32年）。ただ、当時は神田地区の清国（中国）留学生に対して簡単な郷土料理を出す店で、そのスタイルは大正中期まで続きました。その後、高級中華料理店に転身。財閥などの人々に、高級料理を提供するようになります。そして戦後の1947年（昭和22年）、銀座移転を機に「まんじゅう屋維新號」へと変貌。高級中華の技巧を生かした贅沢なまんじゅう＝肉まんと、肉感あふれるシュウマイを看板に、百貨店などの出店とともに人気が定着しました。

　1957年（昭和32年）創業の「五十番」も、関東の名店の一つであり、しっかりとした厚みと味わいのある皮と、多彩な具材の肉まんは、知る人ぞ知る神楽坂の手みやげのひとつとして人気を博していました。そしてシュウマイも隠れた人気商品であり、「第四世代」の一角と言えます。

豚まんは神戸で発祥し、人気に火がつく

一方、関西では「セキネ」からは少し遅れるものの、神戸エリアの「豚まん」人気爆発をきっかけに、全国区となる「第四世代」が誕生します。

神戸最古の「豚まん」店といえば、「老祥記」。1915年（大正4年）創業、中国から持ち帰った「麹」を用いて作った饅頭を、日本人好みの味にアレンジし、名前も馴染まれるよう「豚饅頭」としたと言われています。その歴史から、「元祖豚饅頭の店」であるのと同時に、神戸が豚まん発祥の地と言われる由来となっています。

緑と赤のコントラストが印象的な「四興樓」の店構え

グリンピースがのった旨みたっぷりのシュウマイ

ですが、あくまで「老祥記」は「豚まん」のみで、シュウマイは今でもメニューに載っていません。

神戸で「豚まん＋シュウマイ」の最古と思われる店は「四興楼」です。神戸元町駅前に１９５０年（昭和25年）に創業し、広東料理を中心とした「町中華」として親しまれながら、おみやげとして「豚まん＋シュウマイ」を提供し続けています。

ちなみに、豚まんに限定して言えば、その後神戸の中華街でも豚まんを出す店が現れ始め、神戸全体が豚まんの街として知られ、全国から人が訪れるようになります。一方で、「三宮一貫楼」のように「豚まん＋シュウマイ」スタイルの店も増えていきますが、街のシンボルにシュウマイが加わる状態までには至っていません。

ですが、その神戸＝豚まんのヒットの噂を聞きつけ、大阪で「豚まん＋シュウマイ」の地位を確立した存在があります。それが、先にあげた現在の駅ナカ「豚まん＋シュウマイ」の中核的存在の一つ、「５５１蓬莱」であります。

〝実演販売〟で関西名物豚まん＋シュウマイを確立

「551蓬莱」の前身は、1945年（昭和20年）に創業した「蓬莱食堂」です。当時はカレーライスを販売していましたが、1946年（昭和21年）、神戸で人気の「豚まん」に着目、手軽に食べられてボリュームがある点が大阪人好みだと感じ、その味をさらに日本人好みにアレンジし、やや大きめに仕上げ、オリジナルの「豚まん」として販売し始めました。

そして1952年（昭和27年）、豚まんの店頭での製造実演販売を開始し、そこにシュウマイも加えました。店頭で製造される様子を見ながら購入できるライブ感、そして、それまで食堂でしか食べられなかった豚まんとシュウマイを持ち帰れる機能性も手伝い、「豚まん＋シュウマイ」は大ヒットしました。その5年後には百貨店に初出店。その後、1964年に「551蓬莱」「蓬莱本館」「蓬莱別館」と3人の創業者がそれぞれ分かれて、「551蓬莱」は駅ナカ＋百貨店を中心に出店を加速させていき、2021年現在、大阪を中心に関西地域に幅広く展開し、今日に至ります。

ちなみに先の「三宮一貫楼」は、「551蓬莱」に刺激を受け、「第四世代」スタイルに移行したそうで、今はシュウマイにもかなり力を入れています。神戸で刺激を受け、大阪で開花した「第四世代」スタイルは、神戸に逆輸入した訳です。

九州から全国のデパ地下や駅ナカに

こうして戦後以降、関西地域で「豚まん＋シュウマイ」という「第四世代」が拡大していった訳ですが、一方で、九州発の中華惣菜店が、急速に全国に拡大していきました。今や全国規模で「豚まん＋シュウマイ」を販売する、「ＰＡＯＰＡＯ」です。

「ＰＡＯＰＡＯ」を展開する「明治屋産業株式会社」の前身は、精肉店。創業は１９６２年（昭和37年）です。１９７２年（昭和47年）に株式会社を設立。精肉業でさらに拡大していくとともに、１９８０年後半～１９９０年代前半と関西、東海、関東、北海道と進出していきます。そして１９９４年、新宿で点心のお店「ＰＡＯＰＡＯ」を開業。この店を中核にデリカ部門を強化、全国の「デパ地下」に出店するとともに、２００５年には「駅ナカ」「高速サービスエリア」へと進出。今日に至ります。もとが精肉業だけあり、「ＰＡＯＰＡＯ」のシュウマイは肉感しっかり。本格中華料理店とは異なる、肉屋のシュウマイの醍醐味が味わえます。また、これも精肉業だからか、異なる豚肉を用いたシュウマイも提供、エビシュウマイや季節限定の食材を用いたシュウマイもあり、定期的に訪れたくなるのも「ＰＡＯＰＡＯ」の魅力であります。

PAOPAO 渋谷フードショー店

個人経営の店を探す楽しみも

と、ここまで関東関西の主要な「第四世代」をたどりましたが、全国各地には手作りにこだわる個人経営の「第四世代」も数多く存在すると推測しています。

個人的な話で恐縮ですが、私の暮らす東京・世田谷近辺だけでも、

包包(三軒茶屋)

鹿港(上町)

という、本場中国仕込みの本格的な点心が揃う「第四世代」に当てはまる名店があり、ちょっとこだわったおみやげを持っていく際、この2店のものを選ぶことは少なくありません。

「第三世代」の「町中華」と同じく、各地に点在するであろう「第四世代」個人経営店は、地域に詳しくないとなかなか見つからないことも多く、私としてもこれから広く調査していきたいと思っています。その過程で、もしかしたら本項でまとめた「第四世代」の歴史や成り立ちに、新たな説が持ち込まれるかもしれませんので、その点は前向きにご期待ください。

シュウマイ企業訪問⑦

５５１蓬莱

551 Horai

東の駅ナカシュウマイといえば、「崎陽軒」。そして西の駅ナカシュウマイといえば、「５５１蓬莱」。ただ、西の王者の主役は、この章で記した通り、「豚まん」です。そのため、同社は「豚まん」の取材を受けることは多いものの、シュウマイの取材は極めて珍しいとのことでした。「５５１蓬莱」本店のある大阪難波の中心地から少し離れた、桜川というエリアに本社工場があり、今回はその工場を見学させていただくことができました！

本社工場は6階建てで、6階以外はすべて製造工場。同社のシュウマイ2種「焼売」「エビ焼売」は、2階で豚まんの具とともに製造されていました。まず、中身の製造。豚まんと「焼売」の構成要素は基本的に同じで、5ミリ角に刻まれた豚肉と玉ねぎを混ぜ練り合わせ、豚まんの具はそのままお店で使用される具として出荷されますが、「焼売」はシュウマイの形に包む機械に移され、成形されていきます。

そのスピーがとにかく早い！　聞くと2分で約１００個が出来上がり、１日平均10万個が店舗に配送されるそうです。「エビ焼売」は、上記の豚と玉ねぎに刻まれたエビが練り込まれ、「焼売」より小ぶりに成形。こちらも１日平均7万個は製造されるそう。合計17万個のシュウマイが、大阪の街を中心に販売されていくわけです。ちなみに、豚まんの製造個数も1日約17万個。人気では豚まんが1位だそうですが、数でシュウマイも決して負けていません。

同社は、冷蔵（チルド）販売のシュウマイもありますが、店頭でそのまま食べられるものは、工場から生のまま出荷します。そして、お店で蒸しあげる。この「お店で出来立て」にこだわるスタイルは、創業当時から、変わらないといいます。東京に暮らす私は、大阪方面から帰る際はほぼ必ず購入しますが、できる限り店頭のものを買って、新幹線内でビールと共にいただいていました。「焼売」は大ぶりで豚肉と玉ねぎのシンプルな旨味が溢れ出し、「エビ焼売」はエビの旨味も相まって、でも小ぶりなので何個でも食べれてしまう。そのどちらのシュウマイの感動も、出来立てだからこそだったのだと、今回の取材を通して改めて感じました。

ちなみに、本社工場では「からし」もオリジナルで製造。その美味しさを求めるファンも少なくないそうです。そのままで十分美味しいシュウマイですが、2個目はぜひからしをたっぷりとつけていただいてみてください。

551蓬莱
〒556－0022 大阪府大阪市浪速区桜川4－2－5
https://www.551horai.co.jp/

551蓬莱
工場見学レポート

本社工場の外観

1

いろいろな部位の豚肉を
5ミリ角にカット

2

調味料をふるい入れる

3

豚肉と玉ねぎをほどよく攪拌する

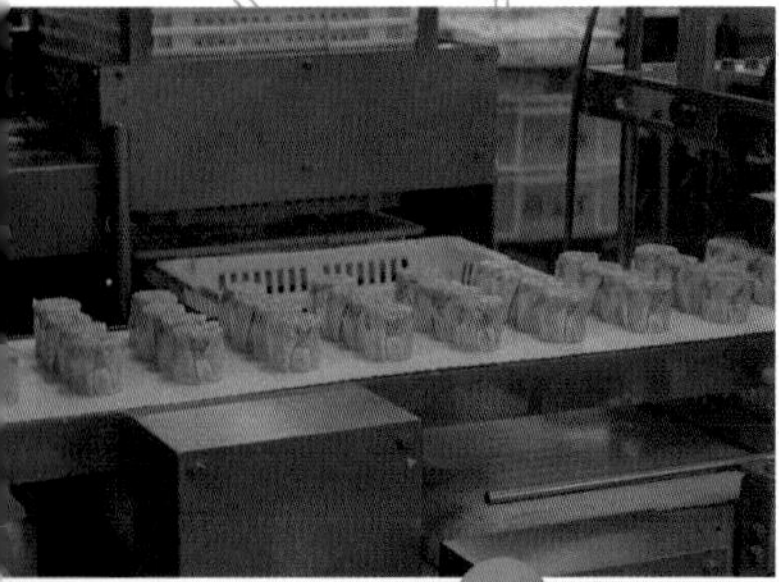

4

餡が皮に包まれ、
ベルトコンベアで運ばれていく

5
仕分けと品質チェック作業

6
粉末のからしを溶いただけの
シンプルなからしも密かに人気

7
冷蔵車で各店舗に直送!
お店で蒸したてを提供する

本店の外観

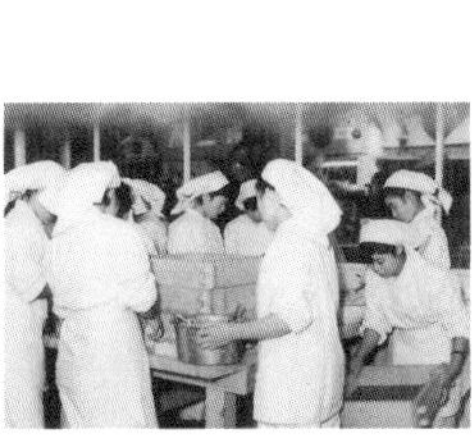

昔の実演販売の様子

シュウマイ企業訪問⑧

三宮一貫楼

Sannomiya Ikkanrou

2021年9月現在、神戸で最も「豚まん+シュウマイ」を気軽に、かつ、納得のいく品質のものを手に入れられるのは、「三宮一貫楼」だと、私は思います。

創業は1954年(昭和29年)。当初は「ひさご食堂」という大衆食堂で、中華料理店ではなかったそうです。その後、当時有名なラーメン屋「一貫楼」からのれん分けされる形で、名前も「三宮一貫楼」と変わり、中華料理店へと変化していったそうです。

その名物料理を考える上で参考にしたのが、前出の通り、当時大阪で人気の「蓬莱」の「豚まん」だったそうで、偶然に店主と「551蓬莱」の職人とが知り合いで、その縁で「豚まん」がメニューに加わりました。1966年(昭和41年)のことです。

すでにその頃、神戸の街では「豚まん」人気は定着していたそうですが、そのほとんどの職人が中国人だったそうです。つまり、神戸で日本人職人が作るはじめての「豚まん」だったのですが、「551蓬莱」を思わせる店頭実演販売を行い、知名度を高め、神戸の人気「豚まん」の一角を占めるまでになっていったそうです。

そして現在、「豚まん」と並ぶ名物料理の一つが「シュウマイ」です。国産豚を使った中ぶりの大きさの「肉シュウマイ」は、「豚まん」とともに誕生。肉の食感がしっかりと味わえ、ご飯のおかずにもお酒のつまみにもなる、優等生的な一品です。そして「エビシュウマイ」は、豚とエビをミックスしたハイブリッドタイプ。その配合のバランスが絶妙で、豚エビどちらの旨味も引き出し、シュウマイの贅沢な旨味を堪能できます。

個人的には、ぜひ神戸元町の新たな名物になってほしいです。

三宮一貫楼
〒650－0021 兵庫県神戸市中央区三宮3－9－9
https://www.ikkanrou.co.jp/

第五世代

冷蔵冷凍&町の肉屋がおうちシュウマイを拡大

家庭で
気軽に食べられる
「冷凍」「チルド」「惣菜」
シュウマイ

ある意味この世代がシュウマイをメジャーに?

外食→おみやげ→お手軽惣菜に

シュウマイは1日にしてならず。

そんな格言はもちろん存在しませんが、餃子よりはマイナー、お弁当や食卓の脇役、といろいろなことを言われても、シュウマイという料理を知らない人がいないという認知度は、食文化において極めて貴重なことであり、それは積み上げてきた歴史があったからこそ成立したのだと、本書を書き進めることで、改めて感じております（しみじみ）。

第一世代で、シュウマイの夜明けを迎え、
第二世代で、ジャパニズム・シュウマイが誕生し、
第三世代で、飲食店で気軽に食べることができるようになり、
第四世代で、豚まんと共に持ち帰れるようになる。

ただ、ここまでの時点では、中華料理自体が日本の食生活では珍しく、古いレシピではシュウマイの作り方も出ていますが、どの家庭でも気軽にシュウマイを食べる、という今日の定着度までは達

していなかったと推測できます。

しかし、「シュウマイ第五世代」の登場でいよいよ、シュウマイが家庭で気軽に食べられる「おうちシュウマイ」が定着します。

日常でシュウマイが気軽に買えるようになったのは、１９６０年代以降、冷凍冷蔵技術の発達と共に、スーパーを中心に気軽にシュウマイが購入でき、かつ、冷蔵庫の普及とともに自宅で保存できるようになったからだと、考えられます。

並行して、１９６０年代以降は、全国各地で電車や地下鉄などの交通網が発達し、主要駅の周辺には住宅地が形成され、そこには商店街も併設されていきます。そしてそのなかには、八百屋や雑貨屋、本屋など生活に必要な商店が立ち並び、そのなかにある「肉屋」では、シュウマイを出す店が現れ始めます。この「肉屋のシュウマイ」もまた、家庭で気軽にシュウマイが食べられるようになった、もう一つの要因と言えます。

いわゆる「高度経済成長期」の発達と共に誕生した「おうちシュウマイ」。これらを「シュウマイ第五世代」と定義します。

学校給食の冷凍で全国区に

第五世代のスタートは、冷凍食品。ただそれは、一般家庭向きではなく、学校給食など業務用向けに作られたシュウマイでした。

冷凍食品事業の歴史自体は、1920年代、戦前まで遡ります。その歴史がまた興味深いのですが…ページがいくらあっても足りなさそうなので、大まかに触れますが、水産物の冷凍を主にしていた事業者たちが、戦中に国策で合併し、終戦と共に解体。その一社である日本冷蔵（現株式会社ニチレイ：以下、ニチレイ）は、戦後の1950年代、学校給食向けの冷凍食品事業をスタートします。

給食で冷凍食品？と思われるかもしれませんが、5人に1人が栄養失調と言われた時代、全国に分け隔てなく平等に栄養がいきわたり、大量調理ができる加工技術として、冷凍食品は非常に優れていたのです。そこで開発された食材のひとつに、シュウマイがありました。そして全国の学校給食でシュウマイが食べられるようになり、それが「誰もが知るシュウマイ」となる要因の一つになったと考えられています。ちなみに、そこに乗っていたグリンピースが、後に「シュウマイグリンピース論争」の火種となるのですが、それはコラム⑤にて詳しく触れます。

1970年代に本格的に家庭の定番に

その後、1960年代中頃から、各地ででき始めていた食品スーパーで、冷凍食品の取り扱いがはじまります。それに伴い、ニチレイだけでなく味の素冷凍食品株式会社（以下、味の素）なども、1970年代に入り、家庭用の冷凍食品事業に本格的に乗り出します。

冷凍食品の料理として開発対象となったのは、家庭で作るのに手間がかかるもの。その代表格が、「コロッケ」「ハンバーグ」「エビフライ」「餃子」、そして「シュウマイ」でした。ちなみにこの5種を「冷凍5大品目」と言われているそうです。

ニチレイ、味の素ともに、冷凍シュウマイとしてグリンピースの乗った肉シュウマイを販売開始。その後、電子レンジの普及も進み、レンジで温めるだけでおかずになる手軽さも手伝い、シュウマイは家庭での冷凍食品の地位を確かなものにしていきました。

一方で、1970年頃から冷蔵シュウマイもスーパーに並び始めます。その先駆けの一社が、楽陽食品。当時まだ珍しかった中華惣菜の一つのシュウマイに着目し、食品市場に卸していたシュウマイを、スーパーにも展開し始めます。

まだ冷蔵シュウマイが珍しかったこと、目を引く「赤い箱」をパッケージにしたことなども手伝い、

「赤い箱のシュウマイといえば、駅は崎陽軒、スーパーは楽陽」と、誰が言ったかわかりませんが、そのぐらい認知度が高まっていきます。

そして、前出の「肉屋」が立ち並び始めた、商店街ができはじめたのもこの時期と重なります。スーパーとは異なる形で、家庭のおかずを支えた肉屋の惣菜のなかで、シュウマイに力を入れた店はいくつかあり、それは今でも「名物シュウマイ」として人気を誇っています。

ちなみに、私が暮らす東京近郊で代表的な例を挙げると、

ミートショップ伊藤（下高井戸）
手づくりの店さかい（砂町銀座）
肉の雲野（戸越銀座）
肉のいのせ（雑色）

があります。第四世代の「ＰＡＯＰＡＯ」もそうですが、肉屋のシュウマイは肉のリッチ感が違い、風味、食感ともに満足感が高いのが特徴です。また、それぞれ個性もあるので、ぜひ食べ比べてみて欲しいです。

冷凍業界に起こった2000年問題

こうして1970年大以降、「おうちシュウマイ」は全国的に定着していくわけですが、定着はすなわち、印象を固定化してしまう側面も持ちます。

この時代に「手軽なおかず」の印象が定着し過ぎたことで、「時間がない時のもうひとつのおかず」的な脇役のイメージがさらに強まったという見方もできます。シュウマイをもっとメジャーにしたい私としては、複雑な思いを持ってこの歴史を受け取っています…

そして、1980年、1990年と年を経るごとに、冷凍食品を取り巻く環境は、急激に変化していきます。それに伴い、シュウマイの地位はさらに「脇役的」になっていきます。

料理の多様化と、調理技術の進歩です。

前者は、シュウマイよりも手の込んだ冷凍食品が増加し、豚肉と小麦の皮というシンプルなシュウマイという中華惣菜が、少々古臭く、新たに登場した料理に比べ、見劣りするような印象が強くなります。

後者は、冷凍焼き餃子の「焼き技術」の発達です。特に2000年手前には、油を敷かなくても焼ける商品が登場。これにより、「レンジでチンするだけ」という気軽さで一日の長があったシュウマイの地位に、焼き餃子が追いつくことになります。さらに、その焼き加減のクオリティの高さに、外で食べるカリッとジューシーな餃子がおうちでも食べれらると評価され、「おうち餃子」が一気に躍進しました。

資料提供：ニチレイフーズ

悔しくて言葉にしたくないですが…これが、「第三世代」の戦後の焼餃子の躍進に続く、今日の餃子とシュウマイの地位を物語る大きな転換点のひとつだったと、認めざるを得ません。私はこれを「冷凍シュウマイの2000年問題」と、勝手に名付けました。

この問題は、チルドシュウマイにも影響があるようで、チルドシュウマイも進歩、多様化するのですが、それ以上に餃子の拡大が進み、シュウマイの「脇役的存在」は、さらに定着化してしまいました。

ご飯がガツガツ食べられるシュウマイを

この「2000年問題」から10年以上、その傾向は大きくは変わらず、私がシュウマイ研究を本格化させた2015年も続いていました。

しかし、その翌年の2016年。冷凍シュウマイに革命が起こります。

ごはんのおかずになる、主役級シュウマイの登場です。

資料提供：味の素冷凍食品（株）
（「ザ★®シュウマイ　」2021年現在のパッケージです）

味の素が発売した「ザ★®シュウマイ」は、パッケージのインパクト、タレントの小栗旬さんの臨場感あふれるシュウマイをがっつくコマーシャル、など、一般消費者にシュウマイの意識改革を起こすプロモーションを実施。そして何より、今までの冷凍シュウマイの常識を覆すサイズの大きさ、そして濃厚な味わいとがっつり&ゴロゴロとした食感。今までシュウマイに対してさほど興味を示さなかった消費者の心を鷲掴みし、一気に冷凍シュウマイのトップに躍り出ました。

そしてこの影響は、他のメーカーにも波及し、

「五目シュウマイ」（マルハニチロ）
「たれつき焼売」（大阪王将）

と、主役級の「おおぶり」「しっかりとした味付けと食感」の商品を投入。2020年以降、冷凍シュウマイ売り場は、この主役級のトップを争う戦国時代に突入している、と私は感じています。

さらに、冷凍でも冷蔵でもない、小売であるスーパー自体がオリジナルシュウマイの開発にも注力します。特に注目なのが、成城石井。本格的な「自家製　国産豚のジューシー焼売」を中心に、変

わり種シュウマイを数種類常時販売。成城石井の売上でも常に上位に入る人気を誇り、シュウマイの地位向上に貢献してくれています。

こうした「おうちでシュウマイ革命」は、その後、シュウマイ業界全体の活性化を呼び起こす、「第七世代」台頭の着火点になることになるわけですが…詳しくは第7章で。

シュウマイ企業訪問⑨

楽陽食品

Rakuyo

本章でも触れた通り、シュウマイ業界には、シンボルとなる二つの「赤い箱」があります。ひとつは、崎陽軒の「昔ながらのシウマイ」。もうひとつは、楽陽食品の「チルドシウマイ（赤箱）」。

特に後者は、「第五世代」として、食品スーパーで広く販売され、冷凍シュウマイと並んで、シュウマイを全国区の食材にした立役者であります。

１９６３年創業。当初は横浜戸塚でドライブインを営業していましたが、おみやげ用にシウマイを製造し、ドライブインの一角で

販売し始めたところ、これが大ヒット。その後、秩父、姫路に工場を設立し、製造を本格化。当初は築地市場等に、のちに食品スーパーを中心に、家庭用シュウマイを販売していきます。

そして1970年ごろ、先の「赤箱」初代商品を発売。家庭でも気軽に買える低価格ながら、シンプルで美味しい味わいが評価され、全国のスーパーのチルドコーナーのシンボル的「赤箱」となっていき、今日に至ります。ちなみに、2021年9月現在、「赤箱」は年間3000万パック（！）が販売されていると言います。

一方で、定番の「赤箱」以外にも、さまざまなチルドシュウマイを開発していきます。

平成に入った1990年代中頃には、「と

資料提供:楽陽食品

うふシウマイ」（青箱）と「中華街シリーズ黒豚焼売」（黒箱）をどちらも全国発売開始。「青箱」は、近年のヘルシー志向の影響から、植物性材料に注目が集まり、大豆などを用いた「ベジシュウマイ」が現れていますが、その先駆け的存在と言えます。「黒箱」も、近年、ブランド豚を用いたシュウマイが増加していますが、それを先取りした商品と言えます。

2000年には、シュウマイ業界だけでなく、他の食品業界のトレンドを予知するかのように、「コラボシュウマイ」を開発。第一号は、香港の人気俳優「ジャッキー・チェン」とのコラボでした。その後、有名シェフ監修とのコラボ、人気飲食店とのコラボを実現、他の個性を引き出す俳優のような、シュウマイの「脇役=バイプレイヤー」の力を示してくれています。

なかには、かなり挑戦的な内容の商品もあったといいますが、同社開発担当の橋本雄三さんは、「開発する上で、売れる売れないは別として、とにかく開発してみる、という姿勢が強いです」と話します。

2021年9月現在、「赤箱」「黒箱」など定番をはじめ、「かに入り」「えび入り」「きゃべつ」「野菜たっぷり」「じゃんぼ」など、20種のシュウマイを販売。基本は全国で販売していますが、「ホエー豚のシュウマイ」など、地域限定の商品も開発しています。

取締役営業部長の安藤晃教さんは、「日本全体の消費人口の減少もあり、チルド業界全体の売り上げは年々厳しくなっている」といいつつも、「シュウマイは冷凍食品の商品増加や、専門店の増加もあり、手に取る人が増えていると思います」と、今後のシュウマイ業界全体に期待を寄せています。

本書執筆時の２０２１年、シュウマイ業界全体に新しいムーブメントが起こっていますが、チルドシュウマイの革命児が今後どんな挑戦をするのか、とても楽しみです。

楽陽食品株式会社
〒120－0034 東京都足立区千住１－３－６ TOCビル５階
http://www.raku-you.com/

第六世代

食べて旅するご当地シュウマイ

全国のご当地食材を
生かした
「お土産シュウマイ」

旅の数だけシュウマイに出会える?

国内旅の発達とともに「おみやげグルメ」のひとつに

「シュウマイ第五世代」が、主に戦後から高度経済成長期にかけて生まれ、育まれたものでしたが、それを追いかけるように生まれたのが、全国各地のご当地食材を生かしたシュウマイである、「シュウマイ第六世代」です。

今日の「第六世代」のシュウマイは、その多くが取り寄せ可能であり、シュウマイを食べることで、その土地の味わいを擬似体験できる。まさに、「食べて旅するシュウマイ」なのであります。

「第六世代」ができた背景には、国内旅行の活性化が大きく関係していると、私は分析します。

１９６４年（昭和39年）、「東京オリンピック」開催と同じ年に、「東海道新幹線」が開通し、その後全国に新幹線が走り、短時間で全国を移動できる環境が整います。並行して、国内線の空路網も拡大し、さらに移動の高速化、利便性が高まります。一方で、１９７０年代の高度経済成長とともに、国民の収入も増加し、その支出の選択肢の一つとして、国内旅行の需要が拡大していきます。もともと全国各地にはその需要を満たす、いわゆる歴史ある観光地は多数ありましたが、さらなる需要の高まりに伴い、「新たな観光地」も生まれました。

そして「観光地」の増加に伴い、旅する人の多くが求める「ご当地食材」「ご当地グルメ」も増加していきました。

「ご当地食材」とは、主にその土地でしか収穫できない海産物や畜産物、農産物であり、もちろんそれをその土地で食べるからこそ、美味しさも際立ち、それが旅の醍醐味なわけですが、しかし一方で、その美味しさを家族や知人にお裾分けする「おみやげグルメ」も、旅行における欠かせない要素となっていきました。

その「おみやげグルメ」の一つの選択肢として、「第五世代」により全国に知名度が広まりつつあった「シュウマイ」が選ばれるようになったと、私は推測しています。いかがでしょう？

初の主役ご当地シュウマイは佐賀呼子から

と、こんな仮説が立てられたのは、2021年までに約6年をかけてリサーチした結果、全国にご当地食材を用いたシュウマイがあることがわかったからですが……研究を始めた2015年当初は、思うように「ご当地シュウマイ」が見つかりませんでした。国内旅行のガイドブックなどをみても、シュウマイをご当地名物にしているところはゼロに近く、インターネットで検索しても、ほとんどが北海道の海産物を活用したシュウマイで、しかしそれらの大半は通信販売専用で、その土地に行って食べるという「ご当地感」はあまり感じられませんでした。

そこで、メディアには頼らず、可能な限り自分の足でその地域の名産品が販売されているところに行き、探すことにしました。幸い、私は2015年ごろから、オーガニックを中心とした農と食、地域文化などを取材する仕事をしていましたので、全国各地の観光地に行く機会に恵まれました。そして、ありました。しかし……確かにその土地のご当地食材を用いて作っているのですが、置かれている場所は隅の方で、店員に尋ねても「詳しいことはわからない」という、これまた今日のシュウマイのポジショニングを思わせる「脇役的」「マイナー」な存在のものばかりでした。

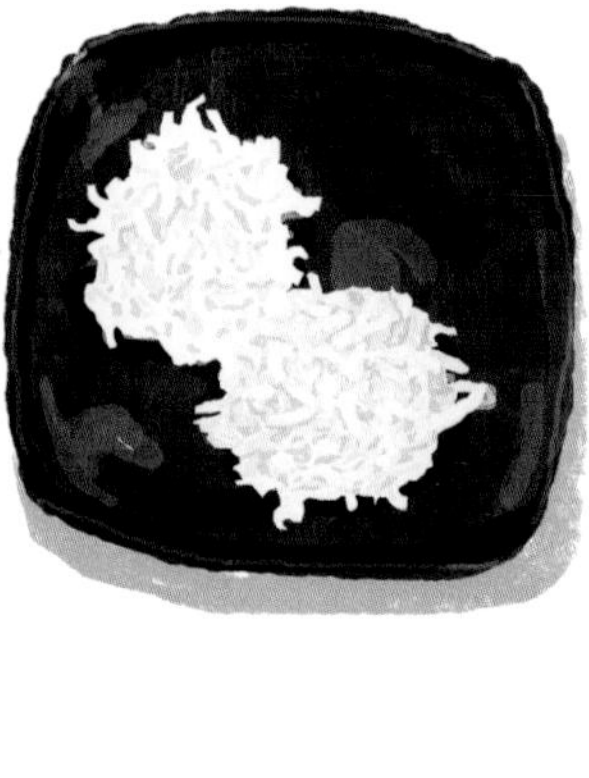

ですが、そんな中でも主役的な輝きを放つ、あるシュウマイに巡り合いました。佐賀県唐津市呼子町の「**いかしゅうまい**」です。

呼子は、九州に詳しい方はもちろんご存知だと思いますが、いかの産地として全国的に知られています。その「ご当地感」に加え、いかという食材を使ったシュウマイ自体が全国的にも珍しいことも手伝い、ぜひその土地に行ってみたいと思わせる要素もあります。そして早速食べてみると、今までのシュウマイとは明らかに異なる、いかの旨味と香りが凝縮した、ふんわりとした心地よい食感。そして何より、細かく刻まれたワンタンの皮がまぶされた表面の個性的な見た目、そして一般的なシュウマイとは明らかに異なる不思議な口当たり。現在はこの「魚介系すり身を刻んだワンタンの皮でまぶす」スタイルは定着しましたが、当時は完全に未知なるシュウマイの世界でした。そして何より、「いかしゅうまい」は１９９０年代にはすでに佐賀だけでなく、福岡の空港などでもお土産として販売され、２０１５年には、なんと東京の百貨店などでも購入ができました！まさに、「ご当地シュウマイ」の成功事例第一号だと、私は考えます。

その後、「ご当地シュウマイ」を探すコツがわかってきたからか、はたまた、シュウマイの地位が徐々に向上してきたからか、インターネットや現地調査で「ご当地シュウマイ」が見つかる確率が高まり、今では北は北海道、南は九州と、全国の「ご当地シュウマイ」分布図ができるまでに、データが集まってきました。その代表例を、本章では紹介したいと思います。

北海道は海鮮系と大地の育むご当地食材

百聞は一見にしかず。

私がこれまで情報収集し、実際に食べてきた、代表的な「ご当地シュウマイ」をご紹介することで、「第六世代」の全体像が見えてくると思います。もちろん、あくまで一例であり、私が知らないものもまだまだあると思われます。他力本願で恐縮ですが、私1人でのリサーチ力にも限界を感じ始めているので（身体と胃袋は一つしかないことを実感しております）、ぜひその情報をご存知であれば教えていただき、「シュウマイ分布図＝シュウマップ」に加えさせていただければ嬉しいです。

ではまず、北海道から。ご存知のように、海産物の宝庫。そのため「ご当地シュウマイ」を探すことは意外と容易です。

ただそのなかでも、「この高級食材を⁉」と驚くようなものと、あえて北海道の「畜産物」「農産物」の力を生かした「オールご当地シュウマイ」をご紹介します。

「ホッキしゅうまい」（しゅうまいの華隆）

北海道のシュウマイ専門ショップの一つですが、なかでも北海道の高級海産物を惜しげもなく使用するシュウマイをさまざま製造販売。「ホタテしゅうまい」「本ズワイガニシュウマイ」など、そのままでも食べたくなる食材ばかりを用いますが、個人的におすすめなのは、「ホッキ貝シュウマイ」。ホッキ貝と土台の豚肉の組み合わせは珍しく、新たなシュウマイの旨味の可能性を見せてくれています。

「札幌しゅうまい黄金づつみ」（鱗幸食品）

「ご当地シュウマイ」といっても、その食材をシュウマイの一部に用いたものがほとんど。このシュウマイは、具材の種類は一般的な、豚肉と玉ねぎのシュウマイですが、その食材がほぼすべて北海道産！豚肉はもちろん、玉ねぎ、皮、味付けの醤油も北海道産。味わいはしっかりジューシー系。皮が黄色いので、第二世代にあたる大阪難波「一芳亭」に次ぐ、「新・幸せの黄色いシュウマイ」と、私は勝手に名付けてしまいました。

東北は意外に肉系？

続いて、東北も北海道に次ぐ海産物が豊富なエリア。ですが……ご当地シュウマイとして定着しているものは、今のところほとんどありません。しかしなぜか、肉系にいいシュウマイが目立ちます。

「牛たんシュウマイ」（利休／宮城）

宮城・仙台は、いうまでもなく「牛タン」が名物。数ある名店の中でも「利休」をご存知の方も多いと思いますが、実はここには「牛タン」が入ったシュウマイが！豚肉の中に牛タンが混じり、むちっとした豚肉と、あのコリッとした牛タンの風味との複合的食感は、牛タン専門店でなければできない、ちょっと贅沢な味わいです。

「前沢牛入りシュウマイ」（前沢牛オガタ／岩手）

シュウマイ全般として、中身に使われる肉のほとんどは豚で、牛を使われることは稀です。ましてやご当地ブランド牛を使ったシュウマイは、全国的にも数える程。その貴重な牛シュウマイのひとつです。牛と豚のハイブリッドタイプで、旨味と食感のバランスが見事。大ぶりであることもあり、1個でかなりの食べ応えと満足感があります。

北陸は海鮮に和食の魅力もプラス

北陸も海産物が豊富で、いいご当地シュウマイができると思うのですが……まだ本気を出す会社やお店は少ない様子。そのなかで、和食の名店が手を挙げ、海産物の郷土料理を活用した逸品を作り上げてくれました。

「黒作りシュウマイ」（千里山荘／富山）

懐石料理などの和食を提供する「千里山荘」が、和の技巧を用いてシュウマイを作り上げています。出汁の旨味が詰まった「だししゅうまい」や、富山の名産「白エビ」を使った「白エビシュウマイ」などがあるなか、一際個性を放つのが「黒作りシュウマイ」。富山の郷土料理で、イカ墨で漬けた

「黒作り」をシュウマイに。イカ墨の濃厚な旨味と和シュウマイの旨味の融合は、なんともぜいたくな味わいです。

北関東は超個性派主義？

関東のシュウマイといえば横浜であり、それは「第一世代」「第二世代」の成り立ちを見ればお分かりだと思いますが、その存在感が強すぎるためか、他の関東エリアでご当地シュウマイと言えるものは、一見見当たりません。

しかしそのなかで、実は北関東は、かなり独自性の強いシュウマイを作っています。

「コロリンシュウマイ」（群馬）

具がないシュウマイ。皮だけシュウマイ。「今まで食べた中で最も個性的なシュウマイは？」と問われた時、迷わずこの「コロリンシュウマイ」を紹介します。群馬県桐生市の一帯では、シュウマイといえば、これ。じゃ

がいものでんぷんと玉ねぎのすり身を団子状にして蒸しあげ、ソースで食べるスタイル。もっちり食感とソースの甘みがマッチし、子どものおやつはもちろん、お酒のつまみにも意外と合います。

「足利シュウマイ」（栃木）

右記桐生市と隣接する足利市。そこでのシュウマイも「コロリンシュウマイ」と共通点する「具のないシュウマイ」です。こちらは、片栗粉と玉ねぎを練って蒸しあげて作ります。足利はご当地メーカーが作る「クラフトソース」が多く、「コロリンシュウマイ」同様、味付けはソースです。

「ぽろちゃん栗シュウマイ」（小田喜商店／茨城）

茨城県笠間市は、全国でも知られる栗の産地。そのなかでも小田喜商店のブランド栗「ぽろたん」は大ぶりな栗として有名です。その栗を丸ごと一個入れたシュウマイ。私もまさかの組み合わせに一瞬不安を抱いたものの、ほくほくとした栗は思ったより甘くなく、鶏ひき肉、皮との相性は違和感なし。シュウマイはどんな食材も受け止める、包容力？　があることを象徴する一品です。

関西はこだわりのジビエを

「第四世代」の存在でわかるように、関東に横浜があるように、関西には大阪、神戸という聖地があります。その印象が強いためか、はたまた、主要都市であるが故に、観光地はあるけれど、「ご当地食材」というものはさほど多くないエリアといえます。しかし実は、京都や神戸、兵庫野山側に目を向けると、農産物やジビエなどの「ご当地食材」がしっかりと存在。そのなかのひとつ、猪肉を用いたシュウマイが、近年は注目です。

「山肉シュウマイ」（京都クラフトマーケット／京都）

京都でクラフトビールバーなど飲食店を経営する会社の人気メニューのシュウマイ。京都の山間部で育った猪肉をメインに、京都食材である九条ネギを使用。ジビエ特有の臭みはなく、むしろその肉質と濃密な旨味がクセになるシュウマイです。ブルーベリーソースがまたぴったりなのにも驚かされます。

山陰の名物海産をひとアレンジ

山陰も海産物の宝庫。特に日本海のカニは有名ですが、その中心的存在の鳥取・境港から、単にカニを使用するだけでなく、食感も楽しめるシュウマイが販売されています。

「かにとろシュウマイ」（中浦食品／鳥取）

紅ズワイガニを贅沢に使い、ふんわりとした魚のすり身とともに、凝縮した海の幸の旨みをいただく……だけでなく、そのなかに独自の製法で仕上げたとろりととろける具材を仕込んでいます。二つの食感と旨味が口の中で合わさる感覚は、シュウマイ業界全体の新境地と言えます。他に、「えびとろシュウマイ」も販売。

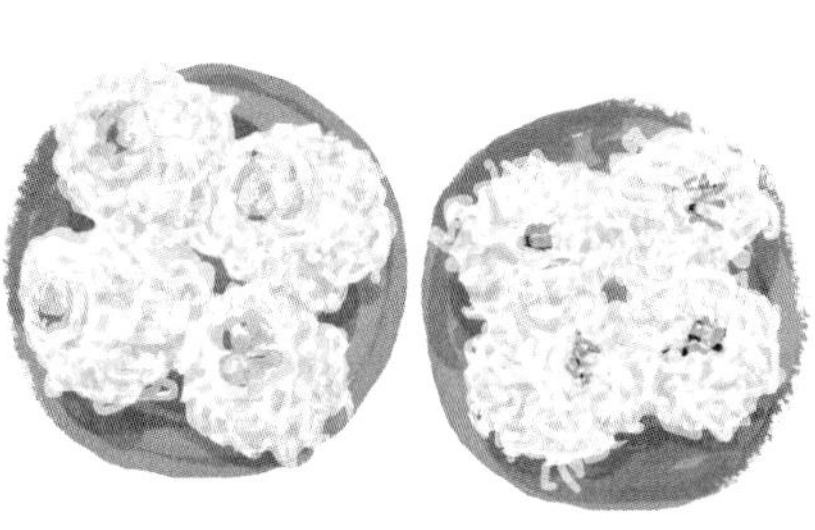

ご当地発祥九州は海鮮で先行+豚、鶏も？

九州もまた、海産物が有名な場所がひしめくエリア。先に出た「いかしゅうまい」に続けとばかりに、「ふぐシュウマイ」「竹崎がにシュウマイ」「明太シュウマイ」など、海の幸の旨味が詰まったシュウマイが各所で作られています。

一方で、鹿児島、宮崎などは豚、鶏など畜産で有名なエリア。まだ形になっていませんが、その食材を生かした「ご当地シュウマイ」が生まれる可能性もあると、私は推測していました……が、実はすでに「鶏シュウマイ」は、「ご当地シュウマイ」として定着し始めています。しかし、そのシュウマイは、「第七世代」に位置付けていますので、詳しくは第7章をご覧ください。

こうして「ご当地シュウマイ」を通して見ると、日本全国には多様な食材があると、改めて実感できます。そして実際に現地に行って「ご当地シュウマイ」を食べると、美味しさは不思議と格段にアップします。さらに、シュウマイは別の料理の邪魔もしませんから、一緒に他の「ご当地グルメ」も堪能してみてください。さらにさらに、ご当地のお酒なんかも楽しめば……最高です。

まさに、「シュウマイ旅」。

「第六世代」を通して、私はこの価値も広げたいと思っています。その擬似体験をしていただくべく、私が行った「福岡佐賀シュウマイ旅」の様子を、終章で紹介しています。本当、申し訳ないぐらい、楽しく美味しい旅でした。

第七世代

シュウマイ新時代の幕開け

従来のシュウマイの常識に囚われない「新世代シュウマイ」

第七世代の先駆者のひとつ「焼売酒場小川」

第七世代＝シュウマイの「未来」

誰もが知っているのに、食卓や外食の選択肢として、二番手、三番手の位置に甘んじてきた、シュウマイ。これまでの六世代を辿ることで、なぜそうなったかは、研究途中ではあるものの、その大枠をお伝えできたのではないかと思います。

シュウマイの「過去」を知ることで、シュウマイの「今」が見える。

しかし振り返れば、「過去」だけしかなかったら、本書を執筆している2021年9月現在、いや、それ以前に「石の上にも3年」にも至らなかったかもしれません。

「未来」が感じられるシュウマイ。

すなわち、それが「シュウマイ第七世代」に当たるわけですが、研究を始めた比較的初期に、そうしたお店に出会うことができたことは、本当に幸運だったと思います。

幸運ついでに付け加えておくと、お笑いの世界で「第七世代」という言葉が流行り出し、それにあやかってシュウマイを世代で分けようと考え始めたのは2020年ごろ。そのタイミングで、過去から世代を振り分けて行った時に(多少こじつけはあったものの)、この「未来」の世代が「第七世代」にちょうど当てはまったことも、とんでもない幸運だったと思います。

従来の枠組みを超えた、自由で魅力的なシュウマイ

「シュウマイ第七世代」とは、主に中華料理を起源とする既存のシュウマイの価値観にとらわれず、具材、調理、味付け、提供する空間などを創造しつつ、シュウマイを主役に置いた飲食店やメーカーを指します。

シュウマイ研究をはじめた2015年ごろ、食べ歩いた飲食店の大半は「第一世代」「第二世代」「第三世代」あたりでありましたが、そのなかに、どのカテゴリにも当てはまらないような、ちょっと変わったシュウマイを出す店が目につきました。

ただ、当時はたった3軒(!)しか確認できず、しかも、2軒は私が暮らす東京都市部にありましたが、1箇所は徳島! 研究開始当初、可能な限り全国のシュウマイを食べに行こうと決めてはいたものの、貧乏暇なしのフリーランスの編集者には、シュウマイを食べるだけのために徳島を往復

するのはちょっと……と、今思えば弱腰なことを考えていました。しかしそれでも、「すぐにはいけないけれど、行く機会があったら必ず立ち寄ろう」と心に決め、まずは都内の2軒を食べ、その1軒はシュウマイ研究リストとして温めておきました。

願えば通じる。とはよくいうもので、研究開始約1年後、仕事で徳島に行く機会に恵まれます。我ながらシュウマイ運（？）持っているなあ、と思ったものです。仕事の予定よりも早めに現地に入り、お店へ立ち寄り、実食。東京の2軒とも異なる新鮮なシュウマイワールドを体感し、じんわりと感動を覚えたことを、今でも鮮明に覚えています。

3軒とも、シュウマイという料理をリスペクトしつつも、それぞれの得意なスタンスで具材、調理、味付け、提供と、新しいシュウマイの世界を築き上げていました。そしてそれらは、今日の「第七世代」の革新的な取り組みの特徴の、骨格となる要素をすでに含んでいました。

シュウマイ、本当に面白いかも。

シュウマイの「明るい未来」を感じ、私は1人、ほくそ笑んでいました。

フレンチシェフが作るシュウマイ

この3軒のうち、最も早く産声を上げたのは、東京渋谷の「ミニヨン坂ノ上（現：焼売酒場小川）」。ここは、渋谷駅から少し歩いた六本木通り沿いから少し入った、いわゆる「隠れ家的ビストロ」でした。健康な野菜を用い、肉や魚を、フレンチの技術を中核に置きながら、和の要素も取り入れ、革新的でありながら、どこかほっとする、知る人ぞ知る、という言葉が適切な人気店でした。

極端にいえば、シュウマイがなくとも十分人気のあった名店でした。しかし、名物料理として掲げていたのが、「シュウマイ」と「玉子焼き」でした。

これは、当時のオーナーの思い出の味が「シュウマイ」と「玉子焼き」であり（ちなみに、この思い出の原点が、第3章で紹介した「源兵衛」！）、それをビストロの世界で表現してしまおうという、なんとも挑戦的な試みでした。

しかしこれが、完成度が高く、かつ、個性的なものでした。

シュウマイは「岩中豚」という岩手産のブランド豚を用い、肉の食感をいかしつつ、独自の旨味を加える調味を行い、それを「二度蒸し」という絶妙な火加減で仕上げる。食べ方は、これまた従来にはない「粉山椒」と醤油で食べるスタイル。和の食材ながら、ハーブのような香りと風味を纏い、白ワインでも合う絶妙な味わいを完成させました。

ちなみに、玉子焼きは「ダッチオーブン」で焼きあげ、外はこんがりですが、中はふわふわ状態。これもまた和洋の見事な融合を実現した一品です。

ただ、私が初めて食べた2015年時点では、あくまで「シュウマイを名物にするビストロ」でありましたが、その後、シュウマイ愛が暴走したのか（?）、2019年に「焼売酒場小川」にリニューアル。今はシュウマイを全面に出したスタイルで、「羊シュウマイ」「鴨シュウマイ」「揚げシュウマイ」など多彩なシュウマイも加わり、オンリーワンのシュウマイワールドを完成させつつあります。

〝蒸す〟〝醤油とカラシ〟という常識を覆す

「ミニヨン坂ノ上」は先駆者ではありましたが、2019年までは「ビストロ」としてシュウマイを名物の一つにするにとどまっていました。

「シュウマイ」を主軸に置くとすれば、それは店名に「シュウマイ」を掲げること。それを全国で最初に明確に実行したのは、私の調査の中では、「野田焼売店」だと思われます。

同店は、2015年に東京本駒込にオープン。「焼売」の文字を店名に掲げる通り、メイン料理をシュウマイとし、他、炒め物やご飯ものなど、町中華的な料理とお酒を提供するスタイルです。

特徴は奇抜ながらシンプル。従来の「蒸しシュウマイ」に「揚」「焼」「水（スープ）」を加えた、4種のシュウマイを提供したのです。

さらに、つけだれも定番の「醤油＋からし」だけでなく、「黒酢」「ポン酢」「チリソース」「パクチーソース」など多彩に用意。数十種類の組み合わせができる、まさに「シュウマイの多様性」を初めて具現化した店でした。

「揚」は「蒸」に次ぐシュウマイの定番調理ですが、「焼」「水（スープ）」は過去にない取り組み。特に「水（スープ）」は、水餃子ともワンタンとも違う、新たなスープ料理の世界を生み出したと言っても過言ではありません。

そして、今日「蒸」以外のシュウマイを出す専門店は増加していますが、その原型は「野田焼売店」で形成されたと言って間違いないでしょう。

また、多様なつけだれも、今日提供する店が出始めていますが、その火付け役もこの「野田焼売店」だといえます。

さらに「チーズ焼売」「辛味焼売」と新たなシュウマイの形も提案。特に「辛味」は、唐辛子をまるごと中心に「ぶっ刺した」（！）ビジュアルが最大の特徴で、その後、辛味系のシュウマイといえば、この形をとる店が増えましたが、これも「野田焼売店」が発祥だと言えます。

カフェ×シュウマイという新境地

３軒のうち、唯一の都外のお店である「ｔｏｔｔｏ７９《とっとななきゅー》」。ＪＲ徳島駅から徒歩10分ほどの場所に位置する、シンプルでモダンな雰囲気ながら、どこか懐かしい雰囲気の漂うカフェです。こだわりのある若い女性が好むスタイルで、実際に店にはそうしたお客さんがほとんどで、40代のおっさんである私は、来店時に完全に浮いていました。

創業は２０１６年。メイン料理は「シュウマイ」と「魯肉飯（ルーローハン）」。そのシュウマイはクワイ入りの、中ぶりより少し大ぶりの丸みを帯びた形。肉の食感もしっかり残り、食べ応えがありながら、どこか店の雰囲気のように、優しい。そしてその控えめな味わいが、「魯肉飯」とよく合います。

そしてその基本のシュウマイを、「塩だれ」「梅だれ」「甘酢（あん）」という、「カフェめし」的な自由な発想のつけだれでいただくことを提案。「塩だれ」はあっさりながらも後を引き、「梅だれ」はほどよい塩気と酸味が面白く、「甘酢」は、こってりとした「肉だんご」のような食べ応えに変化させてくれます。

その「甘酢」を用いた「焼売の甘玉丼」は、ごはんの上にシュウマイ、ふんわり卵を乗せ、さらに「甘酢」をかけた、いわゆる「シュウマイ天津丼」。甘辛だれとふんわり卵とシュウマイのコントラストは、ごはんと共に食べるシュウマイの新境地と言えます。

焼売酒場という新スタイルが急増

これら3店舗以外にも、居酒屋、蕎麦屋、洋食屋など、従来の中華の枠組みとは一線を隠すシュウマイを提供する飲食店は存在し、私はこれらも「シュウマイ第七世代」として定義し、今日のシュウマイの個性を表す象徴のひとつと捉えています。

しかしそのほとんどは「脇役」の存在にとどまり、一方で前出の3店舗は「シュウマイを主役級に扱う」姿勢を明確にしており、その点で私にとっては格別の存在でした。

残念ながら、数年はそうした店が増えることはありませんでしたが、2018年を境に、「第七世代」を取り巻く環境は激変します。「焼売酒場」スタイルの急増です。

前出で触れたように、従来の居酒屋の中にもシュウマイをメニューに出し、隠れた人気メニューにしているケースはありましたが、この「焼売酒場」では、シュウマイがメイン料理であり、そのシュウマイとマリアージュ＝シュウマリアージュ？　することを前提に、お酒も、他のメニューも開発されるという、まさに「シュウマイが主役の酒場」なのであります。

その先駆者であり、現在の「焼売酒場」業態に多大な影響を与えているのが、福岡博多を拠点とする「焼売酒場いしい」です。

同店は2018年に創業。具材には九州で馴染みのある鶏肉を使用し、一般的に用いられる豚肉とは異なる旨味と食感、食べ応えあるシュウマイを完成させました。レモンサワーなどを中心としたお酒と、サイドメニューも「パクチーサラダ」「無限もやし」など、リーズナブルかつ若い女性たちも食べたくなるようなカジュアルなメニューを用意。店内の雰囲気もカウンター中心の明るくスタイリッシュで、特に若者が気軽に利用できるような空間を作り上げました。

シュウマイや料理の美味しさもあるでしょうが、その業態自体のコンセプト全体が博多で受け入れられ、３店舗を展開（２０２１年９月現在）しています。

そして、「焼売酒場」スタイルは九州を飛び越え、全国で増加し、特に関東で急増中です。

その代表格が「焼売のジョー」。東京で2箇所、神奈川で1店舗、埼玉で1店舗、山梨で1店舗と、合計5店舗を展開しています（２０２１年９月現在）。私の主観ですが、前出の「いしい」よりもさらにカジュアル感を出し、シュウマイは同様に鶏シュウマイなどに加え、白湯スープに浸った「炊きシュウマイ」など独自メニューも提供しています。コロナ禍ながら人気が高く、店舗拡大を進めているそうです。

焼売酒場を中心に、全国で増加

「焼売酒場」スタイルを中心に、シュウマイをメインとする専門店は急速に増加、２０２１年９月現在、全国で約70店舗に達しています。

私が実際に確認（食べた）お店、および食べたいと思っている代表例を挙げると……

都道府県	店名
北海道	焼売酒場つつみ 旭川店
宮城	焼売酒場シュウ
栃木	笑福シウマイ
東京	TOKYO焼売マニア 焼売酒場オレンチ おでんと焼売 まつうら食堂 シュウマイルンバ 焼売酒場なかめ 焼売酒場創笑商店 焼売居酒屋タマチャン 焼売酒場一本堂 鶏焼売と鶏中華 ヤンヤン飯店 焼売点賛
神奈川	シウマイのタチバナ しゅうまい酒場やす 焼売酒場しげ吉 半身揚げと肉シュウマイ さんだーす
岐阜	丸虎焼売店
静岡	ラーメンとシューマイ「熱海美虎」 とろけるシュウマイ ナオズキッチン
京都	焼売&中華そば 相傳 麺家 ムゲン食堂
大阪	餃子焼売 豚山 焼売銭湯 大阪焼売珍 焼売酒場マッコイ
兵庫	焼売スタンド イノスケ 西宮ブルース
広島	サコイズキッチン HIROSHIMA SHUMAI CLUB 焼売酒場つつみ
福岡	お酒としゅうまい クリンチ 焼売と唐揚げ 警固総本店
熊本	シューマイボーイ 私、ギョーザよりもしゅうまい派。
沖縄	ムジルシ

70軒は、数字的にインパクトが弱い？……そもそもこの数字、コロナ禍であることを考慮すると、極めて特異な数字であると読み取れます。

さらに、この数字はあくまで通過点であり、2021年以降、さらに増加すると私は推測しています。その最大の根拠は「第五世代」の躍進。第5章で触れた通り、2015年の「ザ★®シュウマイ」登場以降、「主役級シュウマイ」の戦国時代が勃発、家庭を中心に「シュウマイを食べる」生活様式の定着が予想されます。

その需要が外食にも派生し、コロナウイルスの影響が落ち着き始めれば、さらなる「シュウマイ」業態立ち上げ、メニュー開発が行われる可能性は、十分あると私は推測しています。

といいながらも、私はあくまで「いろんなシュウマイを食べる専門家」でしかありませんので、当然ながらマーケット予測には自信はなく、半分は願望に近いのでありますが。まあ、あまり背伸びせず、じんわりと右肩上がりにシュウマイ専門店が広がっていってくれればと、私は願います。それこそ、せいろをじんわりと温めるように?

第六世代と連携し、次なる世代を生み出す

ただ、こうして裾野が広がった「第七世代」ですが、前出の先駆者3軒と比べてみると、「野田焼売店」のスタイルは取り入れているところは多いものの、「ミニヨン（小川）」「ｔｏｔｔｏ７９」のような革命的

大阪の新世代のひとつ「焼売銭湯」。まさに店内も従来のイメージとは一線を画す世界観!?

な？挑戦をしているお店は、月替わりシュウマイを提供し続ける「TOKYO焼売マニア」や、高級食材を惜しげも無くシュウマイに載せる「焼売酒場オレンチ」など、まだ少数です。つまり、「第七世代」にはまだ新たに取り組める「余白」が残っていると、私は感じます。

私はこの「余白」のヒントは、「第六世代」にあると考えています。

「いしい」は九州で馴染みのある「鶏肉」を使ったシュウマイでヒットしました。それを「第六世代」的に「おみやげ」中心にするのではなく（テイクアウトはできますが）、飲食店の主役メニューとして全面に出し、地元博多で多くの人に受け入れられました。その「いしい」の実例から学べることは多いでしょう。

豚や鶏以外にも、牛、猪、鹿。

アクセントで加える玉ねぎ、長ネギ、れんこん、きのこ、くわい。

醤油、塩、胡椒などの調味料。片栗粉や卵白など、つなぎを工夫してもいいですね。

包む皮も、ご当地野菜などを練り込んだオリジナルを作ってもよし。

日本各地にはまだ眠っている食材が多数あり、既に名物グルメになっているとしても、その知名度を生かしながらシュウマイに取り入れることで、さらに新しい魅力が生まれる可能性もあります。

「第六」×「第七」＝「第八世代」？

実は、私自身ですでに「第八世代」的な挑戦に取り組んでみました。東京産の食の魅力を発信するフードプロジェクト「メイドイン東京の会」と共同で、東京のブランド豚「TOKYO X」と、東京三鷹産の銀杏を使った「東京焼売」を開発しました。東京にも素晴らしい食材がある！　と、シュウマイを通して実感できる自信作です。宣伝のようになってしまいましたが、ぜひお試しを。

また、「崎陽軒」の企業訪問でも触れましたが、栃木県鹿沼市のように、すでにそうしたシュウマイの可能性に着目し、「シュウマイで地方創生」を目指す地域も生まれています。

シュウマイは、まだまだ面白い。

私の「シュウマイをめぐる冒険」は、これからも続きそうです。

終章 シュウマイと旅

旅とシュウマイは相性がいい。
駅弁然り。ご当地シュウマイ然り。
旅があるからシュウマイを食べる。
でも、シュウマイを食べるための
旅があってもいいですよね。
それを実現する最適の場所といえば、九州。
「第六世代」「第七世代」の中心的存在であり、
「第二世代」の西の代表もいる。
そんな「九シュウマイ」を巡りつつ、
ついでに？ 九州の魅力を満喫しました。

［ 九州旅のルート ］

① 博多
↓
② 糸島
↓
③ 唐津
↓
④ 呼子
↓
⑤ 鳥栖
↓
① 博多

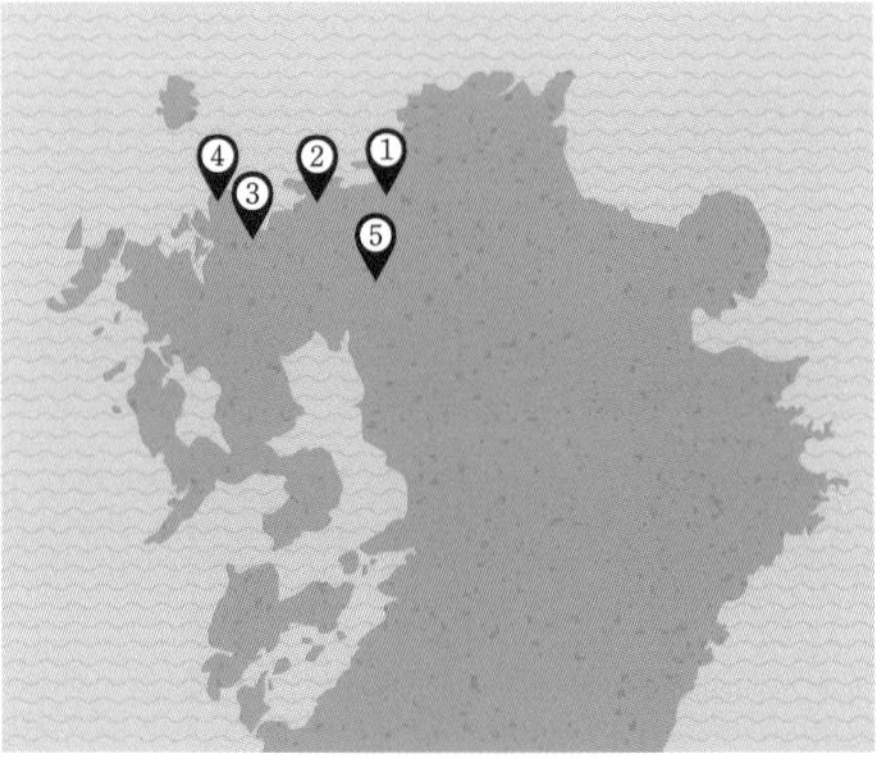

①

博多

いざ、羽田から福岡へ…
その前に、羽田名物で
朝シュウマイ。

1

2

福岡から唐津へ移動!
その途中の糸島の
「かき小屋住吉丸」で、
「牡蠣シュウマイ」を発見!
蒸しはもちろん、揚げもウマイ!
思わず昼ビール……。

②

糸島

3

「牧のうどん」を発見。
福岡に来ると必ず
うどんを食べるのですが、
糸島に本店があると知り、
思わず立ち寄ってしまいました。

③ 唐津

4

唐津到着。
「虹の松原」の松の
本数の多さ、高さ、
何よりワイルドな
雰囲気に圧倒され……。

5

唐津焼の窯元「隆太窯」にも訪問。
シュウマイに合う器って、
せいろ以外になかなかないのだが……。
発見！ 奮発し購入。

6

宿泊した「洋々閣」。
唐津を代表する名宿で、
名士文豪たちが愛したそう。
その荘厳かつ
時代を問わないセンスの良さ、
至福の時間を味わいました。

7

唐津の夕餉は
「からつ 鮨 笑咲喜」で寿司!
玄界灘の新鮮な海の幸は
旨味も食感も濃密。
日本酒飲みすぎて、
もう一軒……。

8

「洋々閣」の朝ごはん。
地元の食材を生かした
一品一品が、二日酔いの
胃に染みわたります……。

④ 呼子

9

そして今回の旅の目的、
呼子の「萬坊」に到着!
澄みわたる青空と海、
その自然を生かした
「天然いけす」からすくい上げた
いか2種を名物「活き造り」に!
そして「いかしゅうまい」も
本場だと味が違う!
材料の鮮度とともに、
現場で食べるから美味しいのだなあ……
日本酒飲んじゃいました。
言わずもがな、最高です。
前日に「隆太窯」で購入した
お皿にのせてパチリ!

あち

もう一つの目的地、
鳥栖の「中央軒」に。
工場も少し見せて頂きました。
老舗は今生まれ変わろうと
している最中!
変わらない「シャオマイ」は、
さらに進化を遂げる予感……。

⑤

鳥栖

焼売酒場いしい

1 博多

旅の起点であり終着点の福岡へ。
「第七世代」の中心である「焼売酒場いしい」と、
「焼売とお酒　クリンチ」をはしご。
どちらのシュウマイもお酒もよろしく、
フライトギリギリで空港へ!
間に合ってよかった……。

焼売とお酒　クリンチ

SYUMAI COLUMN #1

私が「シュウマイ」と表記する理由

「しゅうまい」「シューマイ」「焼売」「シウマイ」?

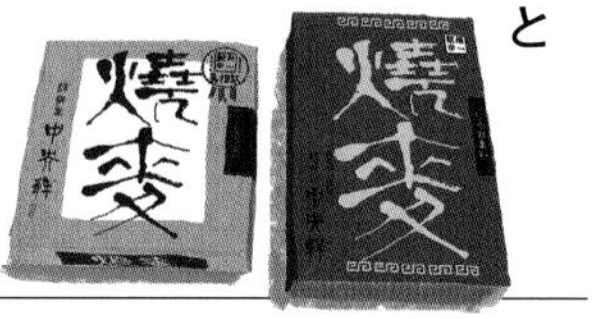

私が本格的にシュウマイ研究という名の食べ歩き、食べ比べをし始めた2015年ごろ。一応本職が編集者・ライターということで、あるとき、知り合いの編集者が私がシュウマイ研究を始めたことを知り、ウェブ記事の仕事を依頼してきました。そこで、いくつか食べ歩いたシュウマイについてまとめてみたのですが、その記事チェックを進める中で、ふと尋ねられました。

「シュウマイは、どう表記しますか?」

そう、その言葉通り、一般的にシュウマイをどう表記しているのか? どう表記するのが正解なのか? そこまで深く考えたことが、私自身もありませんでした。

ちなみに、その編集者が所属するメディアは新聞社系ということで、「シューマイ」と表記することになっていたのですが、その理由がなんなのかは、明確にないとのこと。他のメディアでも調べてみると、統一された表記があるわけではないこともわかりました。

そこで、私なりに表記について掘り下げてみると、①漢字②カタカナ③ひらがな、とあり、それぞれバリエーションがあることもわかりました。

① 焼売/焼麦/焼梅/梢梅
② シュウマイ/シューマイ/シウマイ
③ しゅうまい

まず①に関しては、日本国内ではほとんど「焼売」ですが、第二章でも紹介する佐賀県の駅ナカ店「中央軒」の表記が「焼麦」です。これは、おそらく中国本土の表記を習ったものだと推測でき、①の「焼売」以外のバリエーションは、中国の地域ごとの表記の違いだと言われています。

ちなみに「焼」が用いられる理由は、「シャオ」という中国音の当て字である説、「焼」

＝熱するという意味という説などがあります。この辺の詳しい背景や書き分けられる地域性の理由などは、私もまだ調査中なので、非常に興味深いテーマだと思います。

次に②③「シュウマイ」「シューマイ」「しゅうまい」の使い分けに関して、明確な理由は見つけられませんでしたが、「シウマイ」には理由があり、しかもそれは日本のシュウマイの歴史において、古くからあるものだともわかりました。

最も世に知られているのは、崎陽軒の「シウマイ」の表記。これは、初代社長の野並茂吉氏の故郷が栃木県鹿沼市であり、そこでの発音では「シュー」が「シー」となってしまうこと、さらに、そのシュウマイを開発した料理人の呉遇孫氏も「シウマイ」と発音していたことから、「シウマイ」と表記したと言われています。その後、横浜中華街でも「シウマイ」と表記される店舗が見られるようになりますので、崎陽軒から影響を受けた可能性は少なくないでしょう。

しかし、本書をまとめるなかで、崎陽軒より以前に「シウマイ」と表記している事例があることがわかりました。それは、崎陽軒と同様、第二章「シュウマイ第二世代」の先駆者である「博雅」です。その理由は現時点では明確ではありませんが、表記として使用されていたことは間違いなく、「シュウマイ第二世代」＝ジャパニズムシュウマイのはじまりの表記は、「シウマイ」といって差し支えないと言えます。

と、この流れであれば、シュウマイ研究家として表記を「シウマイ」にしている……となりそうですが、私はあえてそうしていません。

私は「シュウマイ」と表記することにしています。

その理由は、これまでのシュウマイの歴史的背景や、そもそもの「シュウマイ」という発音、老若男女、誰にでもすぐわかる表記ということで、「シュ」というそもそもの音を残したいと思ったからです。また、ひらがなにしていないのは、日本国内で初期から使用されてきた「シウマイ」の名残を残しているからです。漢字は前出の通り、さまざまな選択肢があることで、あえて避けています。

と、偉そうに自分の使用する表記について書き連ねましたが、ぶっちゃけ、どれも間違いではないので、みなさんがどれを使うかは自由だと思います。その自由さもまた、シュウマイという料理の懐の深さ、と、お後が宜しいようにまとめてみました。まとまっていませんね。

集まれ！シュウマイキャラクター

「ひょうちゃん」以外もあるけれど……

世のヒット商品には、必ずその商品をモチーフにしたキャラクター商品がある……かどうかは定かではありませんが、少なくとも「シュウマイ第二世代」の中核的存在であり、シュウマイを横浜名物にし、全国区に押し上げた立役者である崎陽軒にとって、キャラクター戦略が不可欠でないことは、間違いないでしょう。

そう、それは「ひょうちゃん」。ひょうたんの形だから「ひょうちゃん」。シュウマイと関係ない？　にもかかわらず、崎陽軒のシウマイと「ひょうちゃん」はセットで語られることがほとんどで、極端な人になると、シウマイを買う目的が「ひょうちゃん」である場合もあります。もはや、かつての「ビック〇マンチョコ」のシール状態。いや、「ひょうちゃん」のほうが歴史は古いので、こちらを真似したのかもしれません。

「ひょうちゃん」が誕生したのは、１９５５年（昭和30年）。それ以前の第二次世界大戦後から、シウマイの醤油刺しには磁器の入れ物を用いていました。それを、朝日新聞に連載していた「フクちゃん」の作家として知られる漫画家・横山隆一氏が、試しに絵を描いたことがきっかけだと言われています。名付け親も横山氏。その後、１９８８年には気鋭のイラストレーター・原田治氏による2代目が完成、２００３年より現在までが3代目の「ひょうちゃん」で、初代の絵柄が復活しています。ちなみに、初代はふたがコルクでしたが、2代目の途中からゴムに変わりました。

その後ひょうちゃんは、定番絵柄以外にも、「クリスマス」「JR開業20周年記念」「崎陽軒１００周年記念」「ひょうちゃん還暦記念」など、限定バージョンも制作。数に限りがあったため、それを求めてシウマイを買い求める人が多く、キャラクター戦略が見事に販売促進につながっています。

また、「ひょうちゃん」をデザインしたお皿やマグカップ、ぬいぐるみも販売。くどいようですが、シウマイの形はしていないのに、これ以上シュウマイのキャラクターとして定着しているものは、ありません。

では、それ以外にはないか？探してみると、ありましたが……思ったよりも少なく、シュウマイを愛する代表として残念な気持ちは否定できませんが。

私が調べた限りで事例を挙げると、

①まいちゃん（楽陽食品）
②シュウマイくん（横浜高島屋）
③シュウシュウとマイリン（マルハニチロ）
④シュウくんとマイちゃん（異味菜／西川口）
⑤シューマイマン（焼売酒場しげ吉）

という感じです。

ただ、シュウマイを擬人化やモチーフにしたものは、②④⑤のみ。そこまでしなくてもいいので、できればキャラクターにシュウマイを常に持たせるなど、シュウマイのビジュアルはぜひ盛り込んでほしいですね。

また、これは取り上げていいものかわかりませんが、アニメのキャラクターにもシュウマイがモチーフになったものが2例ありました。

⑥シューマイ姉妹（アンパンマン）
⑦シューマイ（闘将!!拉麺男）

小中学校時代、まさに「少年ジャンプ」世代だった私、もちろん、『キン肉マン』からスピンオフした『闘将!!拉麺男』はバッチリ読んでいましたが、⑦の存在は全く記憶になかった……シュウマイ研究家、失格です（別に誰も合否判定していませんが）。

いずれにしても、⑥⑦は国民的アニメではありますが、そのなかのシュウマイキャラクターを記憶している人は、かなり少ないようです。シュウマイのこれまでの立ち位置を象徴するようで、悲しいです……

ぜひぜひ、昨今のシュウマイブームの追い風とともに、シュウマイ関連企業でも、アニメでも、シュウマイキャラクターを登場させていただけることを願います。

最後に。⑥と同じ名前で大阪で活動する女性3人組がいるそうです。毎週水曜、大阪のバーに登場するそう。あくまで研究の一環として、一度確かめにいかねば……と思っていたら、解散する様子。第2のリアルシューマイ姉妹を期待します。

シュウマイの皮問題を考える

皮が変われば、おうちシュウマイが増える？

私がシュウマイの研究をしていると話すと、約半数の人が「餃子対シュウマイ」の戦いに突入するわけですが、そこで「餃子優勢」の要素をいくつか挙げられ、「だからシュウマイを食べない」という、いかにもな証明をされます。

その「餃子優勢」の要素の一つに、「餃子は家で手作りする」があります。この前提をふまえて「でも、シュウマイは家で作らない」という論証になり、「だからシュウマイは食べない」となる。確かに、実は私自身の幼少期の経験からも、家庭で餃子は手作りしたけれど、シュウマイはしたことがありませんでした。そしてこの手作り環境により、餃子が身近な料理として広く定着していったことは、私の経験を踏まえても、ほぼ間違いないと推測できます。

実は、これも「第三世代」の「町中華にシュウマイがない」問題でも触れたことと似ているのですが、戦前はシュウマイは家庭で手作りしていたようです。事実、戦前のレシピ本には「焼売」「シウマイ」のレシピが残っており、家庭で作られた可能性は十分あります。「おうちでシュウマイ」消滅もまた、第二次世界大戦が一つのターニングポイントになったようなのです。

では、いつから「餃子は家で手作りする」拡大が始まったのかは……これから調査していくとして、「なぜシュウマイを作らなくなったのか」という視点で、私なりに考察していました。

「シュウマイの皮」の商品が少ない。

私のシュウマイ研究は、「作る」よりも「食べる」に力点が置かれていますが、手作りすることもあります。そうなると、スーパーで「シュウマイの皮」を探すことになるのですが、あるにはあるけれど、ほぼ1店舗に1メーカー1種類のみ。では餃子はというと……定番、大判、水餃子用、こだわり国産小麦、などなど非常に豊富で、どれにしようか迷う楽しさがあります。この差が、すなわち「おうちで手作り」の餃子とシュウマイの差であると、私は感じています。

でも、決して種類は多くはないけれど、こだわりの「シュウマイの皮」がないかと探したら……ありました。そして、実際私もその皮でシュウマイを握りましたが、いいです。シュウマイを握るのが楽しくなる。シュウマイの皮が変われば、手作りも増える。手応えを感じました。

八幡製麺所は、いい「餃子の皮」を作るメーカーさんとして知られていましたが、実は「シュウマイの皮」も作っており、私もその噂は聞いていました。

現在、同製麺所は、同じく国産の製麺所である、大成食品株式会社の傘下で運営しています。同社もこだわりの材料と作り方で、知る人ぞ知る製麺メーカーとして知られ、特に街のラーメン屋への麺提供が多く、ラーメン屋創業支援まで行っています。

現在、八幡製麺所の担当をしている深澤公仁さんに話を聞くと、基本の皮の材料は、大成食品も、八幡製麺所も同じ、小麦と水。ただ、使用する小麦の種類と、材料の配合が違い、それが食感や風味、味の違いになるといいます。奥深い。

そして、両者の最大の違いは、皮の切り方。八幡製麺所は今でも「手切り」だそうです。実際、商品を見てみると、大成食品は正確かつほぼ同じ面積の正方形ですが、八幡製麺所は皮によって微妙に異なり、無骨な雰囲気を漂わせます。こんなところにもこだわる。なぜか嬉しく感じる自分がいます。

八幡製麺所は、小売では成城石井を中心に販売、業務用では高級中華料理店に卸しているそうです。その理由は、「本場の皮に近いから」。もともと創業者は華僑出身で、中国本土で使用されているシュウマイの皮を想定していると言います。実際に握ってみると、八幡製麺所と大成食品でも、違いました。前者は10センチほどの大判で皮も厚め、その大きさに従って握ると、とんでもないビッグサイズのシュウマイが完成しました。皮の食感、風味もしっかりしていて、本格的な味わいになりました。大成食品の皮は、八幡製麺所よりも若干小さい9センチですが、それでも一般的な皮が5、6センチほどなのに比べると、かなりのビッグサイズ。しかも皮が薄めなので、大ぶりながら中の具の引き立て役に徹し、より具材が全面に出た、大振りできたてシュウマイが家で食べられます。ぜひ実際に試してみて下さい。

SYUMAI COLUMN #4

シュウマイはなぜカラシをつけるようになったのか

実はよくわからない、カラシとの関係

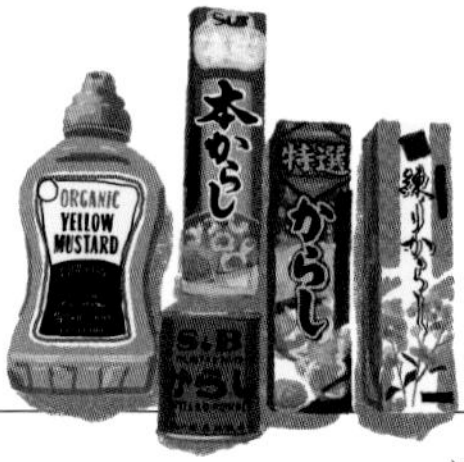

すでに定着した食材や料理に対して、+αとなる調味料の定番の組み合わせは、暗黙の了解で決まっていることがよくあります。

刺身には醤油とわさびをつける。
とんかつにはソースをかける。
ラーメンには胡椒を振る。
餃子には醤油+酢+ラー油をつける。
あんかけ焼きそばには酢をかける。

そしてシュウマイにおいてのそれは、
醤油+カラシ。

であることは、みなさんご存知の通りです。

実際、醤油とからしをつけることで、シュウマイの味わいは引き立ちます。
醤油は中身のあんと小麦粉の皮の旨味の輪郭を際立たせ、からしはそれぞれの味わいをより強調させてくれます。

また、白いご飯のお供にする際、この醤油とからしがあることで、適度な塩辛さと辛味のアクセントが加わり、ご飯が進みます。お酒のお供としても、塩気と辛味が後を引き、さらにお酒が欲しくなります。

ただ、本場中国のシュウマイは、何もつけずに食べることがほとんどで、つけるとしても黒酢ぐらいだと言います。シュウマイと醤油+からしの関係は、どうやら日本から生まれたもののようです。

そこで、この関係がいつから、なにがきっかけで始まったかを探ってみると……よくわからない。それが現時点での答えです。

ただ、醤油については、先の「刺身」が由来の一つという説があり、「何もつけない」よりも「醤油をつけて塩気を加える」ほうが、日本人にはしっくりと来たようです。

ですが、「カラシ」をつける理由に関しては、「第一世代」「第二世代」を中心に歴史あるメーカーさん、飲食店さんに確認したのですが、歴史があればあるほど、その頃を知る担当者が社内に存在しない、資料が見当たらない……などなど、明確な答えは出てきませんでした。

これはあくまで私の「妄想」（仮説ではありません、私の想像のレベル）でありますが、先の「刺身」における「わさび」が「カラシ」なのではないか、と。刺身もシュウマイも、基本的には淡白な食べ物で、醤油とともに辛味のアクセントがあると、味わいが引き立つと思った。ですが、「第一世代」「第二世代」は主に中華料理店が発祥であり、わさびという調味料がなかった。そこで、あった「カラシ」を代用した……いかがでしょう？

あくまで「妄想」なので、せめて「仮説」ぐらいには進めたいと思っています。その根拠となる情報をお持ちの方は、ぜひご一報ください（勝手に募集欄にしてすみません）。

余談ですが、みなさん「カラシ」の種類について深く考えたこと、ありますか？

「カラシ」はよく「和がらし」「洋ガラシ／マスタード」などと呼ばれて、製品も区分けされていますが、実は原料は基本的には同じで、からし菜の種子を使用しています。そしてその種子には「オリエンタルシード」「ブラウンシード」「イエローシード」など種類があり、その使い分けと製法で種類が変わってきます。

「和がらし」は、主に「オリエンタルシード」が原料となり、すりつぶして「粉がらし」にします。それを水を入れて練ったものを「練りがらし」と呼びます。

「洋ガラシ／マスタード」にはその中にも種類があり、最も有名な鮮やかな黄色いマスタードは「ディジョンマスタード」と呼ばれ、原料は主に「イエローシード」が用いられ、すりつぶしてワインやビネガーなどと練り合わせて作られます。よって、辛味とともにまろやかな風味と酸味が加わります。

また、「粒マスタード」と呼ばれるものは、主に「ブラウンシード」を用い、粒を残す程度にすり潰し、ワインやビネガーを混ぜて作ります。種子の食感が残っているのが特徴です。

シュウマイには主に前者の「和がらし」が用いられる訳ですが、ちなみに私の好みは、「和がらし」と「洋がらし」のいいとこどりのもの。気持ち水分は抑え目で、粉ガラシをとく時、水だけでなく酢も加えます。これで程よい酸味が加わり、シュウマイ特有の肉肉しさを程よく和らげてくれます。普段食べているシュウマイの味が皿引き立つはず。ぜひお試しを。

SYUMAI COLUMN #5

決着!? グリンピース問題

時代とともに消滅するも、再び復活？

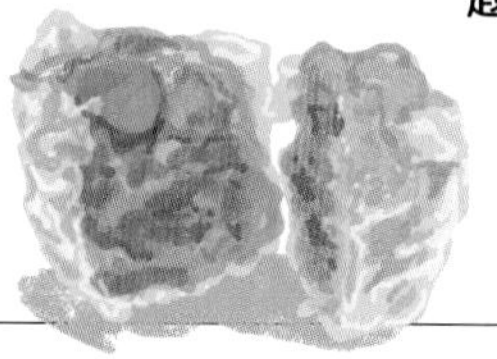

私が調べた限り、厳密に言えばそれ以前から、シュウマイにグリンピースを乗せたシュウマイを出す店はあり、本場中国でも乗せているシュウマイがあるという情報もあります。ですが、実は飲食店やテイクアウト専門店で出されるシュウマイのほとんどには、グリンピースには乗っていません。また、「第一世代」「第二世代」「第三世代」のシュウマイにも、グリンピースが乗っている事例は極めて珍しいのが実情です。「シュウマイ＝グリンピース」というシンボル的存在は、「シュウマイ第五世代」にあたる、冷凍シュウマイの全国普及とともに広がった、というのが、本書発売時点での結論です。

第5章の内容と少し重複しますが、冷凍シュウマイのはじまりは、日本冷蔵（現・株式会社ニチレイ、以下「ニチレイ社」）による1950年代の学校給食でした。そして、栄養士とニチレイ社の開発担当は、子どもたちに喜んでもらえるように甘いものも出せたらいいな、と話しあっていた。

そして、最終的に挙がったのが「イチゴのショートケーキ」。しかし、コスト面の課題などもあり、実現することは諦めることになりました。

しかし……ここからは、筆者の私も「なかなか強引だな」と思いつつも、ニチレイフーズ社広報の原山高輝さん曰く、「当時を知る担当者も、資料もないのですが、現時　点での社で確認できる事実として、そういうことです」とのことで、あえてその通りに記します。〝いちごのショートケーキの「いちご」の代わりに、シュウマイにグリンピースを乗せた〟ということです。

この事実は、一部のメディア等ではすでに公表されておりますが、今回、お話を詳しく聞く中で、もう少し補足すべきだと思いました。

〝いちごという「甘い」シンボルの代わり

を探した際、甘い「グリンピース」がその代わりになりそうで、商品化が決まっていたシュウマイに乗せた〟

　それまで、グリンピースは日本では在来品種が使用され、皮が厚く固く、甘味も少ないものでした。しかし、ちょうどその頃、ニュージーランド産のグリンピースの輸入が始まり、それは皮が薄く、甘みが強く、日本の子ども等に人気が出るであろうと期待された食材でした。

　いちごのショートケーキが難しければ、せめてその「甘さ」やシンボルが上に乗った形だけでも何かで代用できないか。その解決策が、甘さ＝グリンピース、見た目＝シュウマイだったということです。

　そして時は流れて、2021年現在。同社の肉シュウマイには、グリンピースは乗っていません。そのことを前出の原山さんに尋ねると、

「食の多様化が進み、カニシュウマイやエビシュウマイなどが出現し、相対的にグリンピース乗せの人気がなくなっていったことが要因のひとつです。その代わりではありませんが、2000年に家庭用向けに『甘えびシューマイ』を出し、今やロングセラー商品になっています」

　そもそもニチレイ社は、海産物の冷凍で始まった会社。得意食材を用いたシュウマイでの成功自体は、喜ばしいことです。

　一方、シュウマイのグリンピースにこだわり続ける企業もあります。第5章でも触れた「ザ★®シュウマイ」躍進の立役者、味の素冷凍食品です。

　同社は1972年より冷凍シュウマイを販売開始。こちらもニチレイ社同様、肉シュウマイにグリンピースを乗せていました。その後、同年秋には「エビシューマイ」の製造を開始。このヒットにより、グリンピースのシュウマイとともに、食卓のシュウマイが「エビシュウマイ」であるイメージも定着していきます。

　その後、味の素社も、グリンピースをはずされます。しかし、「シュウマイのシンボルはグリンピース」という営業担当の熱意で、業務用で見事復活！　めでたしめでたし？　であります。

　こうしてグリンピースのシュウマイのシンボルとしての座は今も守られている？　わけですが、このテーマで一部出てくるのが、「崎陽軒もグリンピースが乗っているのでは？」という意見。この答えは、「乗っているのではなく、混ぜ込んである」が正解。崎陽軒広報いわく、「中国でめでたい翡翠に見立てていること、肉の具材が混ぜやすいことなどから、グリンピースを混ぜ込んでいる」とのことです。こちらのサイドストーリーも、「シュウマイグリンピース問題」を語る際は、お忘れなく。

せいろを、なめるなよ

シュウマイも、それ以外の食材でも、食卓が豊かになる

皆さんのご家庭に、せいろ（蒸籠）はありますか？

なければ、すぐに購入してください。オンラインで購入もできます。一家に一台、せいろがあれば、食卓はかなり豊かになるはずです。

もちろん、シュウマイも、であります。というか、シュウマイのために、せいろを購入ください。

私のシュウマイ研究は、主に飲食店をめぐることから始まりましたが、全国の「ご当地シュウマイ」を取り寄せたり、冷凍冷蔵シュウマイを食べ比べたり、さらには自らいくつかのシュウマイレシピを実践することもしはじめ、自宅でシュウマイを加熱し、食べる機会が増えました。

確かにどれも美味しいのですが……飲食店のシュウマイを食べ慣れているためか、もっと美味しくなるのではないか？と考え始め、自分なりに加熱の仕方を研究し始めました。

その中で行き着いた答えが、せいろです。特に木製の「中華せいろ」がおすすめ。

当たり前といえば当たり前で、「第一世代」からシュウマイは「中華せいろ」で提供されることがほとんどで、そもそも「点心」は「中華せいろ」単位で提供されるもの。ただ、日本の食卓には「和せいろ」はありましたが、「中華せいろ」に比べて深さがあり、茶碗蒸しなど器ごと蒸す料理には適していましたが、食材をそのまま調理したり、シュウマイのような加工食材を蒸したりする際には、若干サイズが大きすぎる傾向がありました。

「中華せいろ」を使うと、シュウマイの味も格段にアップします。蒸気がシュウマイ全体に均等に行き渡り、かつ、木でできているため水分が適度に発散され、絶妙なしっとり感に仕上がります。特に皮の食感は抜群です。既存の冷凍シュウマ

イなどでも試していただければ、その違いがわかると思います（もちろん、レンジで温めても十分美味しいのですが）。

「中華せいろ」「和せいろ」や、かごバッグを販売する「かごや」さんは、日本でオリジナルの「中華せいろ」を本格的に製造販売し始めたパイオニア的存在。それまでは、日本国内の家庭で「中華せいろ」を購入する機会は、ほとんどなかったといいます。「かごや」さんも創業当時は、都内に増え始めた中華料理店への販売が主で、一般家庭に本格的に販売し始めたのは、１９８０年代ごろに入ってからだと言います。

当初は雑誌の通信販売が主でしたが、インターネットが普及し始めると、オンライン販売にシフト。その後、食の多様化がさらに進み、せいろを使う調理の選択肢も増えてか、着実に売り上げを伸ばしていったと言います。

とはいえ、せいろを家庭で使用する際の課題がいくつか挙げられます。ひとつは、置き場に困ること。そして、カビが生えやすく手入れが難しいこと。実は、これらは、キッチンの外に置いておく「見せる収納」でクリアできます。外に置くことで通気性もよく、カビが生えにくくなります。我が家も主要な小さなせいろは、外に出して見て楽しんでいます。

もうひとつは、それこそシュウマイなどの料理以外に、どう使えばいいかわからないこと。それも、活用の幅は多種多様で、蒸し野菜、蒸し鶏、蒸し魚……かけるソースを工夫すれば、さらにレパートリーは広がります。ちなみに「かごや」さんおすすめは、パンの温め直し。硬くなったパンも蒸すとふっくらもちもちに仕上がり、クセになるそうです。

と、シュウマイ以外の活用方法ばかり書きつらねてしまっていますが、先に記した通り、せいろを使えば、シュウマイの味も格段にアップします。蒸気がシュウマイ全体に均等に行き渡り、かつ、木でできているため水分が適度に発散され、絶妙なしっとり感に仕上がります。特に皮の食感は抜群です。既存の冷凍シュウマイなどでも試していただければ、その違いがわかると思います（もちろん、レンジで温めても十分美味しいのですが）。

たかがせいろと思うなかれ。まずは騙されたと思ってお試しを。せいろをなめるなよ、です。

かごや通販サイト https://www.kagoya-onlinestore.jp/shopbrand/ct4/

SYUMAI COLUMN #7

おうちで シュウマイアレンジ講座

ある意味 何でもアレンジ? シュウマイの 奥深さ

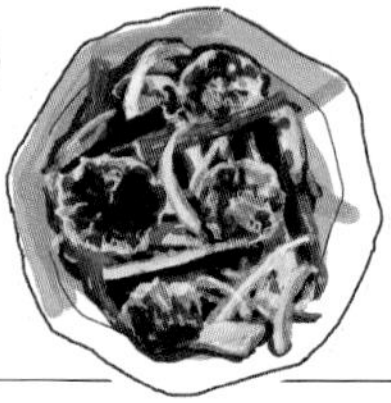

私はこれまでシュウマイを1000種類以上食べてきて、なかでも「シュウマイ第七世代」の革新的なシュウマイを知ることで、「シュウマイはかなり幅広くアレンジできる」ことがわかってきました。

そしてそれはかなり手軽に「おうちシュウマイ」に応用できます。

とはいえ、家庭によっても調理スキルや器具環境など幅はあるでしょうから、私なりに「初級」「中級」「上級」に分けて、今私が考えつく「シュウマイアレンジ」をまとめたいと思います。

【初級】
つけだれ、加熱方法をアレンジ

最も簡単なのは、スタンダードな「豚肉シュウマイ」につける「つけだれ」を変えることです。

つけだれの定番は、全国的には「醤油+からし」、関西や九州では「酢醤油+からし」「ソース」などをつけることもありますが、飽きてしまう方も多いはず。そういう時は、気軽に家にある調味料を代わりにつけてみてください。

ポン酢　黒酢　わさび醤油　ケチャップ
チリソース　柚子胡椒　コチジャン
明太子　マヨポン酢

などなど。本当に合うのか?と疑う方もいるかもしれませんが、これらの調味料と合わせるひき肉系料理も多いので、驚くほどしっくりときます。また、これらは豚肉シュウマイ以外のエビシュウマイ、海鮮シュウマイでも合わせられ、さらにレパートリーが広がるはずです。

また、「第七世代」では主流となりつつある、「蒸」以外の「揚」「焼」「水(スープ)」もぜひご自宅でお試しを。特に「水」は、私個人もかなり使わせていただいています。冷凍シュウマイを沸騰したスープに、残り野菜とともに入れて煮立てれば、完成。通称「シュープ」です。シュウマイの基本とも言える中華でもいいですし、和風だし、洋風だしでも意外といけます。

【中級】
簡単手づくりシュウマイの具材を変える

コラム「シュウマイの皮問題を考える」でも触れた通り、そもそも手づくりシュウマイが難しいと思っている人が多いと思いますが、やってみれば意外と簡単。包み方の複雑さでいえば、餃子の方がよっぽどであり、シュウマイは何度か握ってみると、それなりに握れてきてしまいます。また、しっかり包み込めていなくても調理できるので、「まずはやってみる」でその抵抗感はかなり払拭されます。

また最近では、レシピサイトなどで、たこ焼き機で作る簡単レシピや、刻んだシュウマイの皮をまぶす「包まないシュウマイ」など、包まなくてもシュウマイになるものも多く、そこから試していただくのも一案です。

その際、基本の豚肉のあんだけでなく、エビやホタテなどの海鮮、きのこやたけのこなどの野菜類を入れ、シュウマイの具材の変化を楽しんでみてほしいです。まずは豚肉をベースに別食材を加えていけば、失敗はほとんどないはず。結構ハマると思います。

【上級】
一見シュウマイと
関連しない料理とコラボ

シュウマイはシンプルな料理であり、自己主張も強くないため、他の料理の邪魔をしないのが特徴ですが、それは「どんな料理にもアレンジできてしまう」幅の広さを持っているともいえます。

これまで私もずいぶんシュウマイを食べてきましたが、飲食店の中には「こんなところにもシュウマイは使えるのか……」と感心させられるアレンジもあり、実際に家で試したりしています。

その全てが万人に受けるかはわかりませんが、一方でハマる可能性も十分あると、私は考えています。私の知る限りの「上級シュウマイアレンジ」を紹介しますので、自分は上級と思う方は、ぜひ試してみてください。

シュウマイカレー
シュウマイマーボー(シュウマーボー)
シュウマイ酢豚(シュ豚)
シュウマイ玉子丼
シュウマイそば(揚げたシュウマイをそばに乗せたもの)
シュウマイマリネ(シュウマリネ)
シュウマイ鍋

あとがき

本書を書き上げて、改めて私は、シュウマイという料理の「力」を感じました。

再三本書で述べましたが、シュウマイは脇役的存在。

ですが、その存在を「実は好き」な人が多く、私がシュウマイの話をすると、「実は……」と切り出し始め、「シュウマイの輪」がどんどん広がっていきました。

中には、その「実は好き」が高じて、専門店をスタートした人もいて、その人のおかげで「シュウマイの輪」はさらに広がっていきました。

さらには、自らが「東京焼売」を作ることになるとは。研究を始めた当初は想像もしていませんでした。

本書は、そんな「シュウマイの包容力」があったからこそまとめることができたのだと思います。

取材や情報収集にご協力いただいたみなさま、本当にありがとうございました。

紹介させていただいたお店はもちろんですが、本書で紹介しきれない素晴らしき店はたくさんあります。また別の機会で紹介させていただけたら嬉しいです。他の「食マニア」の方々からも情報やご意見をいただき、特に「第一世代」から「第三世代」にかけては、そのアドバイスがあったからこそ、皆様にお伝えできるレベルになったと感じます。

そして、本書の帯にコメントをいただいた、服部栄養専門学校の服部幸應校長。本書の企画を伝えた数日後、直にお電話でシュウマイに関する知見を熱く語っていただき、それが本書を出す上でのこの上ない根拠と自信になりました。この場を借りて、御礼申し上げます。

くどいようですが、本書は稚拙な私の調査を通した、2021年10月時点での内容です。ご意見、ご指摘したい点多々あるかと思いますが、温かい目で一読いただき、温かく御指南いただければありがたいです。
それこそ、「シュウマイ的な包容力」で。

最後に、本書の企画を提案してくれた、産業編集センターの松本貴子さん、著書実績のない私にこれほど自由な表現の場をいただき、本当にありがとうございました。

そして装丁を担当いただいた製作所の宮崎絵美子さん、40過ぎのおじさんの著作とは思えない、素敵な本に仕上げていただき、本当に嬉しいです。

イラストを担当してくれた河合 寛さん、シュウマイと私を、いい味に仕上げていただき感謝です。

そして、勝手に始めたシュウマイ活動を我慢強く支えてくれ、おそらく日本で一番シュウマイに厳しい目を注ぐ妻と、神奈川というシュウマイ偏差値の高い場所で育ててくれた両親に、この場を借りてお礼を伝えさせてください。

ありがとうございま、シュウマイ。

すみません、最後の最後までこんな感じで。

シュウマイ研究家　シュウマイ潤

シュウマイ年表

	年	シュウマイ史	一般出来事
安保			日米通商条約(1858)
			横浜開港(1859)
明治	1871(明・4年)	横浜南京町に中華料理店130軒 一	明治維新
			横浜・新橋間鉄道開通(1872)
	1884(明・17年)	聘珍樓(横浜)創業 一	
	1892(明・25年)	中央軒(鳥栖)創業 二	
			日清戦争(1894)
	1899(明・32年)	博雅がオリジナルシュウマイ開発 三 維新號(神田)創業 四	
	1906(明・39年)	揚子江菜館(神田)創業 一	
	1908(明・41年)	崎陽軒(横浜)創業 二	
	1910(明・43年)	來々軒(浅草)創業 三	
大正	1913(大・3年)	人形町大勝軒創業 三	
			第一次世界大戦(1914)
	1915(大・5年)	老祥記(神戸)創業 ●	
			関東大震災(1923)
	1924(大・14年)	安楽園(横浜)創業 一	
昭和	1926(昭・元年)	源兵衛(早稲田)創業 三	

シュウマイ史	一般出来事
昭和 1927（昭・2年）— 中華幸軒（築地）創業 三	
1928（昭・3年）— 崎陽軒シウマイ完成	
1933（昭・8年）— 一芳亭（難波）創業 二	
1935（昭・10年）— セキネ（浅草）シュウマイ販売開始 四	
1936（昭・11年）— 海員閣（横浜）創業 一	
	太平洋戦争（1941）
1945（昭・20年）— 清風楼（横浜）創業 一 蓬莱食堂（難波）創業 四	終戦（1945）
1946（昭・21年）— 新橋亭（新橋）創業 一	
1947（昭・22年）— 小洞天（日本橋）創業 四 亜細亜（五反田）創業 四	
1948（昭・23年）— やじ満（築地）創業 三	
1950（昭・25年）— 四興樓（神戸）創業 四	
1954（昭・29年）— 三宮一貫楼（神戸）創業 四	
1956（昭・31年）— 中央軒シュウマイ販売開始 二	
1957（昭・32年）— 五十番（神楽坂）創業 四	
1960頃（昭・35年頃）— コロリンシュウマイ（桐生）発売開始 六	
1961（昭・36年）— 南国酒家（渋谷）創業 一 上野東天紅（上野）創業 一	

元号	年	シュウマイ史	一般出来事
昭和	1963（昭・38年）	楽陽食品創業 五	
	1964（昭・39年）	蓬莱食堂が3社に分かれ、551蓬莱が誕生 四	東京五輪開催
	1972（昭・38年）	味の素冷凍食品 家庭用冷凍シュウマイ販売開始 五	
	1977（昭・52年）	呼子萬坊（佐賀）創業 六	
	1981（昭・56年）	鱗幸食品（北海道）創業 六	
平成	1989（平・元年）	呼子萬坊 いかシュウマイ工場竣工	
	1994（平・6年）	PAOPAO（新宿）1号店開店 四	
			東日本大震災（2011）
	2015（平・27年）	野田焼売店（駒込）創業 七	
	2016（平・28年）	totto79（徳島）創業 七	
	2018（平・30年）	焼売酒場いしい（福岡）創業 七	
令和	2019（令・元年）	ミニヨン坂ノ上 → 焼売酒場小川（渋谷）リニューアル 七	
	2020（令・2年）	シュウマイのジョー（神奈川東京など）創業 七	
	2021（令・3年）	シュウマイ専門店70店に	東京2020五輪開催

一＝第一世代　二＝第二世代　三＝第三世代　四＝第四世代
五＝第五世代　六＝第六世代　七＝第七世代

日本シュウマイ協会について

2020年6月7日、私は「日本シュウマイ協会」を立ち上げました。
理由はいくつもありますが、あえてまとめると大きく三つ。
ひとつは、シュウマイを食べ歩く活動が高じて、
シュウマイの良さをもっと伝え、シュウマイ業界全体を盛り上げたいという思いが強まったこと。
もうひとつは、その活動を通して、私一人の力では限界があり、
それこそシュウマイを作る人、売る人、食べる人、シュウマイにまつわるあらゆる人と共に、
シュウマイを盛り上げる枠組みが必要だと感じたからです。

2020年は新型コロナウイルスの蔓延により、特に飲食店が大きなダメージを受けました。

私が食べ歩いたお店のなかには、その余波もあり、閉店をしたところもありました。

シュウマイが盛り上がれば、そういう店が減り、
一方でシュウマイをメニューに加えることで、飲食店が盛り上がる。

そんな土台づくりをしたいと思ったことも、このタイミングで協会を作り上げた理由の一つです。

活動は大きくは以下を考えています。

1　シュウマイの調査研究
2　シュウマイの普及啓発
3　シュウマイの情報発信
4　シュウマイの技術交流・活性化
5　シュウマイを通した社会貢献活動

本書が発売される前後には、法人化も視野に入れています。
主に法人の皆様のサポートのもとでの活動になる予定ですが、
一般の皆様も参加できる枠組みも作りたいと思っています。

もちろん、シュウマイを食べることこそが、シュウマイを応援する最大にして簡単な手段ですが、
もう一歩シュウマイを応援したい！　という思いがある方は、
ぜひ「日本シュウマイ協会」に参加ください。

日本シュウマイ協会 ウェブサイト https://syumai.life/

● 共通

『食文化入門 百問百答』（岡田 哲／著）東京堂出版
『日本の郷土産業 2 関東』（日本地域社会研究所 桐生葉子／著）株式会社新人物往来社
『崎陽軒Walker 横浜ウォーカー特別編集』 株式会社KADOKAWA
『横浜中華街160年の軌跡 この街が、ふるさとだから。』 横浜ユーラシア文化館
『中国料理の世界史　美食のナショナリズムをこえて』（岩間一宏／著）慶應義塾大学出版会
焼きそば名店探訪録 https://yakitan.info/ ［2021.9］
横浜チャイナタウンガイド https://yokohamachinatown.jp/?p=1552 ［2021.9］
ラーメンデータベース https://ramendb.supleks.jp/ ［2021.9］

● 第一世代

乾隆帝ゆかりのシュウマイ店 都一処 北京 中国ガイド 鈴木晶子
https://allabout.co.jp/gm/gc/442085/ ［2021.9］
聘珍楼ウェブサイト https://www.heichin.com/ ［2021.9］
KANDAのれんアーカイブ 百年企業のれん三代記
http://www.kandagakkai.org/noren/page.php?no=26 ［2021.9］
東天紅オンライン https://www.totenko.co.jp/about/ ［2021.9］
海員閣ウェブサイト http://www7b.biglobe.ne.jp/~haiyuange-the3/ ［2021.9］

● 第二世代

『博雅の歴史』 鎌倉ハムホールディングス
横浜博雅茶郷 http://hakuga.net/ ［2021.9］
中央軒ウェブサイト http://www.tosucci.or.jp/kigyou/chuohken/syaomai-pac.htm ［2021.9］
西日本新聞／130周年の鳥栖駅、探検してみた 明治のレールに戦禍の記憶も ［2021.9］

● 第三世代

デイリーポータルZ特集記事／1913年創業、元祖大勝軒は「珈琲大勝軒」に。後のGHQ専属料理人が生んだ大勝軒のすごい歴史
https://dailyportalz.jp/kiji/coffee-taishoken ［2021.9］
メシ通／大勝軒のルーツはどこに？ 代々木上原のレジェンド2代目が語る、つけ麺誕生の秘密【ラーメン系譜学】
https://www.hotpepper.jp/mesitsu/entry/kekkojin/17-00276 ［2021.9］
atpress／つけ麺のルーツ、ここにあり！ 日本最古のラーメンのれん会「丸長のれん会」が創立60周年記念祝賀会を開催 https://www.atpress.ne.jp/news/179420 ［2021.9］
syupo／1926年創業。早稲田の学生を中心に愛される。自家製シュウマイあり。
https://syupo.com/archives/32251 ［2021.9］
豊洲グルメ／やじ満 http://toyosu.tsukijigourmet.or.jp/shop/7-yajima/index.html ［2021.9］
ゲットナビウェブ／【街中華の名店】築地「中華 ふぢの」はとことん自家製にこだわる味の開拓者だ
https://getnavi.jp/cuisine/299610/2/ ［2021.9］
長崎飯店オフィシャルサイト https://nagasaki-hanten.jp/ ［2021.9］

● 第四世代

老祥記 ウェブサイト https://roushouki.com/kiseki/ ［2021.9］
四興楼 ウェブサイト http://shikohroh.com/about.htm ［2021.9］

［　］内は確認年月

● 第四世代

神戸豚まんサミット https://www.kobebutaman-summit.com/rekishi/ [2021.9]
MOG-LAB／店ものがたり「三宮一貫楼」編 https://mog-lab.com/2019/12/post-130.html [2021.9]
551蓬莱ウェブサイト https://www.551horai.co.jp/company/history/ [2021.9]
明治屋産業（PAOPAO） https://www.mj-sangyo.co.jp/special/ [2021.9]
維新號サイト http://www.ishingo.co.jp/ayumi.html [2021.9]
おとなの週末／セキネ｜やけどに注意! 小籠包ばりに"スープ"が入った肉まん（肉まん/浅草）
https://otonano-shumatsu.com/articles/514 [2021.9]
神楽坂五十番 ウェブサイト https://store.50ban.jp/ [2021.9]
市ヶ谷経済新聞／創業60年の「五十番 神楽坂本店」が神楽坂上に移転 運営会社変更で
https://ichigaya.keizai.biz/headline/2673/ [2021.9]

● 第五世代

ニチレイ 冷凍食品100年ヒストリー https://www.nichireifoods.co.jp/corporate/100th/ [2021.9]
日本電気工業界 https://www.jema-net.or.jp/Japanese/ha/renji/history.html [2021.9]
味の素冷凍食品ウェブサイト https://www.ffa.ajinomoto.com/corporate/history [2021.9]
楽陽食品の歴史 http://www.raku-you.com/history/index.html [2021.9]

● 第六世代

高度経済成長、国内旅行の時代 https://www.mlit.go.jp/common/000167318.pdf [2021.9]
nippon.com／新幹線の歴史 https://www.nippon.com/ja/features/h00078/ [2021.9]
華隆 http://karyu-hokki.com/ [2021.9]
鱗幸食品 https://rinkou.shop-pro.jp/?pid=154042566 [2021.9]
利休 https://www.rikyu-gyutan.co.jp/SHOP/1230004.html [2021.9]
前沢牛オガタ https://maesawagyuogata.com/item-detail/327018 [2021.9]
千里山荘 https://www.chisatosansou-shop.jp/SHOP/Item_0008.html [2021.9]
コロリンシュウマイ https://cororin.aikotoba.jp/ [2021.9]
「夕刊桐生タイムス」2006.9.30／「桐生のシュウマイ」
足利シュウマイ https://www.tochigiji.or.jp/gourmet/6084/ [2021.9]
小田喜商店 https://www.kurihiko.com/ [2021.9]
京都クラフトマーケット https://kyotocraftmarket.com/?pid=152485149 [2021.9]

● 第七世代

totto79ブログ https://totto79.exblog.jp/24180564/ [2021.9]
野田焼売店 http://nodashumaiten.com/ [2021.9]
焼売酒場いしい https://www.shumai-ishii.com/ [2021.9]

● コラム

湯先生の薬膳楼 http://www.yakuzenro.jp/room/shokubunka/syumai.htm [2021.9]
東京ガス「意外に知らない!「からしとマスタードの違い」原料や種類・味の違い」
https://tg-uchi.jp/topics/4973 [2021.9]
S&B ウェブサイト https://www.sbfoods.co.jp/sbsoken/jiten/search/detail/00043.html [2021.9]
MAILLE 種入りマスタード 103g https://www.sbfoods.co.jp/products/detail/10428.html [2021.9]
かごや ウェブサイト https://www.kagoya-onlinestore.jp/ [2021.9]

シュウマイ潤

シュウマイジャーナリスト、研究家、日本シュウマイ協会発起人。

本名は種藤 潤。1977年神奈川県茅ヶ崎市生まれ。大学卒業後、フリーランスとして取材執筆を行う。2015年頃からシュウマイ研究を開始し、インスタグラム「焼売生活」を中心に情報を発信。2021年9月現在までに、約1000種、約5000個のシュウマイを食べてきた。

2018年5月と2021年10月に「マツコの知らない世界」(TBS)でシュウマイの知らない世界を紹介。以後、さまざまなメディアでシュウマイについて語る。
・2019年1月…「東京シュウマイ弁当」(オーガニックキッチン)を監修。
・2020年6月…シュウマイの活性化を、より多くの人や企業・団体とともに取り組むべく、「日本シュウマイ協会」のサイト(https://syumai.life/)をオープン。
・2020年7月…東京食材活性化を目指す「メイドイン東京の会」とコラボレーションした「東京焼売」を発売。
・毎月26(つつむ)日の「シュウマイを食べる会」開催、味の素食品、招福門と3者共催で「シュウマイムーブメントプロジェクト」を発起するなど、活動の幅を広げている。
https://jun.syumai.life/
https://www.instagram.com/syumai.life/
日本シュウマイ協会　https://syumai.life/

シュウマイの本

発行日　2021年12月15日　第1刷発行

著者　シュウマイ潤
デザイン　宮崎絵美子、小野田寛次郎(製作所)
カバー装画　小島 唯(製作所)
イラスト　河合 寛
編集　松本貴子(産業編集センター)
制作協力　横浜中華街 招福門(帯のシュウマイ)

発行　株式会社産業編集センター
〒112-0011　東京都文京区千石4丁目39番17号
TEL 03-5395-6133　FAX 03-5395-5320

印刷・製本/萩原印刷株式会社

ISBN978-4-86311-318-3 C0077